J. A. Wagner

Monographie der fossilen Fische

J. A. Wagner

Monographie der fossilen Fische

ISBN/EAN: 9783743369399

Hergestellt in Europa, USA, Kanada, Australien, Japan

Cover: Foto ©Andreas Hilbeck / pixelio.de

Manufactured and distributed by brebook publishing software (www.brebook.com)

J. A. Wagner

Monographie der fossilen Fische

Monographie der fossilen Fische

aus den

lithographischen Schiefern Bayerns.

Bearbeitet

von

Dr. *Andreas Wagner,*

ordentlichem Mitgliede der k. Akademie der Wissenschaften.

Erste Abtheilung:
Plakoiden und Pyknodonten
(mit 4 Tafeln).

Aus den Abhandlungen der k. bayer. Akademie der W. II. Cl. IX. Bd. II. Abth.

München 1861.
Verlag der k. Akademie,
in Commission bei G. Franz.

Monographie der fossilen Fische aus den lithographischen Schiefern Bayern's,

bearbeitet

von

Dr. A. Wagner.

Erste Abtheilung: Plakoiden und Pyknodonten.

Einleitung.

Unter allen Klassen urweltlicher Thiere, welche Ueberreste in den lithographischen Schiefern Frankens und der angrenzenden Theile von Niederbayern und der Oberpfalz (gewöhnlich als die fränkischen Schiefer bezeichnet) zurückgelassen haben, ist die der Fische sowohl nach der Zahl ihrer Arten und Individuen, als auch nach der trefflichen Erhaltung ihrer Exemplare die ausgezeichnetste. Wenn uns bei den Reptilien häufig nur Fragmente oder bei den Insekten (mit Ausnahme der Libellen) meist nur undeutliche Exemplare vorliegen, welche die systematische Bestimmung unsicher machen, so haben wir dagegen bei den Fischen gewöhnlich den grossen Vortheil, dass sie uns in ganzen Individuen, an welchen Skelet, Gebiss, Beschuppung und Flossenbildung mehr oder minder deutlich erkannt werden kann, aufbewahrt sind. Ihre wissenschaftliche Bestimmung kann demnach in der Regel mit grosser Sicherheit vorgenommen werden.

Schon *Knorr*[1] und *Baier*[2] haben gute Abbildungen von mehreren Fischen aus unsern lithographischen Schiefern geliefert. *Blainville*[3] hat zuerst versucht, die wenigen Exemplare, die ihm von daher bekannt wurden, zu bestimmen, hat es aber damit nicht weiter gebracht, als dass er in ihnen Arten von den noch lebenden Gattungen *Clupea*, *Esox* und *Stromateus* erkennen wollte. Noch übler fiel ein ähnlicher Versuch von *Germar*[4] aus, der unter den Fischen des lithographischen Schiefers nicht bloss die eben genannten 3 Gattungen, sondern auch noch eine *Atherina* zu erkennen vermeinte, ja sogar eine neue Gattung unter dem Namen *Ichthyolithus!* errichtete. Erst *Agassiz*[5] legte in seinem für alle Zeiten klassischen Meisterwerke den Grund zu einer streng systematischen Bestimmung der fossilen Fische überhaupt, indem er letztere nach ihrer äussern Beschaffenheit wie nach ihrem Knochengerüste und Zahnsysteme verglich und dadurch die festen Anhaltspunkte für die Systematik der urweltlichen Fische und für die Ermittelung ihres verwandtschaftlichen Verhältnisses zu den lebenden begründete. Was insbesonders die Fische aus dem lithographischen Schiefer anbelangt, so fand *Agassiz* bereits ein reiches Material an selbigen in der hiesigen Sammlung vor[6] und überdiess stand ihm die gleichfalls sehr reichhaltige des

---

1) Samml. v. Merkwürdigkeiten der Natur u. Alterth. Band I. 1755.
2) Oryctograph. norica. Supplem. 1757.
3) Poissons fossiles. Paris 1818; aus dem Französischen übersetzt von *Krüger*. 1823.
4) Ueber die Versteinerungen von Solenhofen in *Keferst*. Toutschland IV (1827) S. 89.
5) Rech. sur les Poissons fossiles. Neuchâtel Tome I—IV 1833—43. Die Fische des lithographischen Schiefers sind im ersten und zweiten Bande enthalten.
6) Die erste Auskunft über die hiesige Sammlung gab *Rudolph Wagner* in

Grafen *Münster's* in Bayreuth zur Benützung frei. Auf beide Sammlungen ist fast ausschliesslich die Arbeit von *Agassiz* über diese Fische begründet, denn was von andern Punkten ihm zukam, ist ausserordentlich wenig.

Durch die Arbeiten von *Agassiz* wurde auch *Münster* in den Stand gesetzt, die Kenntniss der Fische aus unsern Schiefern durch einige Beiträge zu erweitern. Nachdem im Jahre 1845 die Münster'sche Sammlung für die hiesige angekauft worden war und mir demnach fast sämmtliche Originale von den Fischen des lithographischen Schiefers, die zu dem grossen Werke von Agassiz gedient hatten, vorlagen, sah ich mich hiedurch, so wie auch durch anderweitige Erwerbungen von neuen Exemplaren, veranlasst, ebenfalls Beiträge zur Kenntniss dieser Fische zu liefern[1]; dieselben erstreckten sich jedoch nur über die Pyknodonten, die Lepidoiden mit langer Rückenflosse, die Sauroiden mit abgerundeter Schwanzflosse und über eine neue Gattung, die ich *Strobilodus* benannte[2].

Mittlerweile war aber die wichtige Entdeckung gemacht worden, dass der lithographische Schiefer keineswegs, wie man bisher meinte, auf Bayern beschränkt sei, sondern dass er seine Fortsetzung im schwäbischen Jura (Hauptfundort *Nusplingen*) und im südfranzösischen (Dép. de l'Ain mit dem Hauptfundorte *Cirin*) findet. Es war nun höchst wichtig, in Erfahrung zu bringen, in wie weit die Uebereinstimmung in den

---

seinen „Nachrichten von der Petrefaktensammlung der k. Akadem. d. Wissensch. in München" (*Kastner's* Archiv f. d. ges. Naturl. XVI H. 1).

1) In den Abhandl. der II. Klasse der Münchn. Akadem. Bd. 6 Abth. I 1. Jahrg. 1851.

2) Ein mit grossem Fleisse bearbeitetes Verzeichniss sämmtlicher, bis dahin in der Literatur aufgestellten Arten von Thieren und Pflanzen aus dem bayerischen lithographischen Schiefer hat *L. Frischmann* in einem Programme des Lyceums zu Eichstädt (1853) bekannt gemacht.

Gesteins- und Lagerungsverhältnissen dieser verschiedenen Ablagerungen sich ebenfalls auf ihre thierischen Ueberreste, insbesondere auch auf die fossilen Fische, erstrecken würde. Ueber diesen wichtigen Punkt gab uns zuerst *Thiollière*[1] für den französischen Jura höchst werthvolle Aufschlüsse und seine Arbeiten gehören sowohl durch die grosse Genauigkeit in den Beschreibungen, als auch durch die prachtvoll ausgeführten Abbildungen zu den werthvollsten der palaeontologischen Literatur. — Ueber die fossilen Fische von Nusplingen haben uns *Fraas*[2] und *Quenstedt*[3] schätzbare Aufschlüsse ertheilt, doch wäre es zu wünschen, dass diese Vorkommnisse in einer besondern Monographie ausführlicher und vollständiger abgehandelt würden, damit sie durchgängig einer scharfen Vergleichung mit unsern fränkischen und den südfranzösischen Vorkommnissen unterzogen werden könnten.

In neuerer Zeit sind nun abermals der hiesigen Sammlung höchst wichtige Bereicherungen an Fischen aus unsern lithographischen Schiefern zugekommen: zuerst durch Ankauf der grossen palaeontologischen Sammlung des Herrn Landarztes Häberlein in Pappenheim, dann, nachdem das Fürstenthum Eichstädt von der bayerischen Regierung übernommen worden war, durch Ueberweisung der berühmten herzogl. *Leuchtenberg*'schen Petrefakten-Sammlung an die hiesige. Schon die Verpflichtung, die mir oblag, diese neuen Erwerbungen, unter denen die

---

1) Première notice 1848; seconde notice sur le gisement et sur les corps organisés fossiles des calcaires lithographiques dans le Jura du dép. de l'Ain (Ann. des sc. phys. et nat. de Lyon III. 1850 p. 111). Das Hauptwerk führt den Titel: Description des Poissons fossiles provenant des gisements coralliens du Jura dans le Bugey. I. livrais. 1854 in gross Folio mit 10 Tafeln, darunter 5 Doppeltafeln. Leider ist seitdem Thiollière mit Tod abgegangen.
2) Beiträge zum obersten weissen Jura in Schwaben. Würtemb. Jahreshefte 1855 S. 94–102.
3) In dessen Petrefaktenkunde und dem neueren Werke über den Jura.

Fische den Hauptbestandtheil bildeten, zu katalogisiren, führte mich abermals auf diese Klasse zurück. Da ergab sich denn bei Durchmusterung des gewaltigen Vorrathes, dass nicht nur eine grosse Anzahl von Exemplaren vorlag, welche zur genaueren Kenntniss von bisher nur unsicher oder doch unvollständig bekannten Arten wesentliche Beiträge liefern konnten, sondern es fanden sich auch nicht wenige, die zur Errichtung neuer Arten, zum Theil selbst neuer Gattungen nöthigten. Ferner war ich durch *Heckel's*[1] höchst wichtige Abhandlung über die Wirbelsäule fossiler *Ganoiden* auf einen ganz neuen Gesichtspunkt gelenkt worden, der zur festeren Begründung der Systematik von grossem Erfolge war. Endlich erregte es in mir das höchste Interesse, nach erlangter vervollständigter Kenntniss unserer einheimischen Fische aus dem lithographischen Schiefer, die in gleichen Lagerstätten bei Nusplingen und Cirin aufgefundenen Arten, so weit mir solche aus Beschreibungen und Abbildungen und aus mehreren von dorther stammenden Steinplatten bekannt waren, in Vergleich zu nehmen; eine Aufgabe, gleich wichtig für die Geologie wie für die Palaeontologie[2].

So bin ich denn daran gekommen, meine frühere Arbeit über unsere Fische wieder aufzunehmen und die Fortsetzung derselben nach erweitertem Plane durchzuführen. Es sollen jetzt nämlich alle Gattungen und Arten, wie sie mir dermalen aus den bayerischen lithographischen Schiefern zur Kenntniss gekommen sind, in systematischer Anordnung aufgestellt werden, wobei es sich von selbst versteht, dass über die bereits zur Genüge gekannten Gattungen und Arten kurz hinweg gegangen wird und nur diejenigen, die entweder eine Berichtigung und Ergänzung

---

1) Sitzungsberichte der Wien. Akad. Jahrg. 1850.
2) Nach den der hiesigen Sammlung zugekommenen Materialien von *Cirin* habe ich eine Vergleichung derselben mit den fränkischen vorgenommen und in den Münchn. gel. Anzeigen L (1860) S. 390 veröffentlicht.

erfordern, oder erst ganz neu zu begründen sind, in ausführlichere Erörterung kommen. Es soll diese Monographie der Fische in gleicher Weise wie meine frühere über die Schulpen der Dintenfische behandelt werden; sie beschränkt sich wie diese darauf, in die Beschreibungen nur so viel aufzunehmen, als zur sichern Unterscheidung der Gattungen und Arten, sowie zur richtigen Stellung der neu eingeführten Formen nothwendig ist.

Von den 4 Ordnungen, welche Agassiz für sämmtliche fossile Fische errichtete, nämlich die Plakoiden, Ganoiden, Ctenoiden und Cycloiden, sind es nur die beiden ersten Ordnungen, in welche er sämmtliche Fische des lithographischen Schiefers vertheilte. Es hat sich jedoch jetzt herausgestellt, dass auch die ächten Knochenfische (*Teleostei*), welche die beiden letzten Ordnungen von Agassiz umfassen, unter ihnen vertreten sind; zu diesen gehören die beiden Familien der *Platyuri* und *Psylopterygii*. Wir haben demnach für die Fische des lithographischen Schiefers 3 Ordnungen als *Placoidei*, *Ganiodei* und *Teleostei* aufzuführen. Von den beiden letztgenannten Abtheilungen sind alle Gattungen ausgestorben; von den Plakoiden ist diess noch nicht für alle festgestellt.

Erste Ordnung.
Placoidei. Knorpelfische.

Obwohl die Knorpelfische zu den sehr spärlichen Vorkommnissen in unsern lithographischen Schiefern gehören, so haben uns doch die grossartigen Erwerbungen, welche die hiesige Sammlung in neuerer Zeit machte, mehrere sehr wichtige Exemplare zugeführt[1].

---

[1] Die neuen Knorpelfische aus den lithographischen Schiefern habe ich bereits kurz publicirt in den Münchn. gel. Anzeig. XLIV (1857) S. 288.

I. Familie.
HOLOCEPHALI. CHIMAERIDEN.

Der Oberkiefer ist mit dem Schädel verschmolzen; oben jederseits zwei Zahnplatten, unten eine.

1. Chimaera *Linn.*

Der Leib halartig, Schwanz in einen Faden auslaufend, erste Rückenflosse vorn mit einem starken Stachel.

Von dieser Gattung leben noch 2 Arten in unsern Meeren: die eine gehört den europäischen Gewässern, die andere der Südsee an. In grösserer Anzahl waren sie in den Meeren der Urzeit vorhanden, indem man Zähne von ihnen vom Lias an durch den weissen Jura, die Kreide und Tertiärformation gefunden hat; sie zeigten jedoch so viel Verschiedenheiten von den Zähnen der lebenden Chimaeren, dass man darnach besondere Gattungen errichtete. Es waren aber bisher immer nur Zähne oder höchstens Stacheln der Rückenflosse, nach welchen ausschliesslich die fossilen Chimaeriden bekannt waren. Erst in neuerer Zeit ist ein ziemlich vollständiges Exemplar aus den Schiefern von Solenhofen zum Vorschein gekommen, das jetzt in der hiesigen Sammlung aufbewahrt wird; es ist zugleich das einzige Stück, welches bisher aus dem Gebiete des lithographischen Schiefers innerhalb seiner ganzen Erstreckung zum Vorschein gekommen ist [1].

---

[1] Seitdem hat *H. v. Meyer* (Jahrb. f. Min. 1860 S. 211) in einer kurzen Anzeige bekannt gemacht, dass er eine zweite fossile Chimäre aus dem lithographischen Schiefer erhalten habe, aber nur von der Grösse der Ch. monstrosa, mit der sie auch noch darin übereinkomme, dass das Rückgrath nicht aus gesonderten Wirbeln bestehe. Er nennt sie *Chimaera (Ganodus) prisca.* Fundort Eichstädt.

1. Ch. (Ischyodon) Quenstedti *Wagn.*
Tab. 1. Fig. 1.

Wagn. Münchn. gel. Anzeig. XLIV (1857) S. 288; Gesch. der Urwelt 2. Aufl. II S. 458. — *Quenst.* Petrefaktenk. S. 185.

Die erste Notiz von diesem, früher in der Häberlein'schen Sammlung aufbewahrten Exemplare gab *Quenstedt*, wesshalb ich es auch ihm zu Ehren benannt habe. Es ist nach seiner Längenerstreckung vom Vorderrande des Oberkiefers an bis zur äussersten Schwanzspitze erhalten, aber wie es sich bei der weichen Beschaffenheit des Körpers nicht anders erwarten lässt, in einem sehr beschädigten Zustande. Seine Länge, ohne die fehlende Schnauzenspitze, beträgt 5½ Fuss. Im allgemeinen Habitus kommt es im Wesentlichen mit der lebenden Chimaera monstrosa, von welcher die zoologische Sammlung mehrere Exemplare aus dem Mittelmeere besitzt, überein. Der Kopf ist ganz verdrückt und unkenntlich. Dicht hinter ihm ragt der gewaltige Stachel, welcher den Anfang der ersten Rückenflosse bildet, hervor; wo die zweite beginnt, lässt sich nicht wahrnehmen, wohl aber, dass sie im Zusammenstossen mit der obern Schwanzflosse sich eben so weit rückwärts erstreckt als bei genannter lebenden Art. Brust- und Bauchflossen sind ganz unbestimmt angezeigt. Die Afterflosse, in Verbindung mit der untern Schwanzflosse, erstreckt sich weit nach vorn in ähnlicher Weise, wie es *Rosenthal's*[1] Abbildung der Ch. monstrosa anzeigt, also sehr verschieden von der Abbildung von *Agassiz* und von *Bonaparte*[2], sowie von unsern Weingeist-Exemplaren letztgenannter Art, an denen sämmtlich die Afterflosse auf ein geringes, durch einen Einschnitt von dem untern Schwanzlappen getrenntes Rudiment beschränkt ist. Der dünne Faden, welcher das Schwanzende bildet, erstreckt sich an 5 Zoll über die beiden Lap-

---

1) Ichthyotom. Tafeln. Tab. 27.
2) Iconografia della Fauna italica. Tom. III.

pen der Schwanzflosse hinaus und besteht aus unzähligen gesonderten
kleinen Wirbeln mit ausgehöhlten Gelenkflächen; es ist diess das einzige Stück, welches von der ganzen Wirbelsäule sichtlich ist, aber doch
sehr interessant, weil es eine höhere Ausbildung der letzteren als bei
den lebenden Chimaeren anzeigt.

Vom Schädel hat sich nichts erhalten als das Gebiss der einen
Seitenhälfte; durch den Bruch des Gesteines an dieser Stelle ist es aber
in drei Stücke gespalten und dadurch stark beschädigt worden. Der
untere Zahn kommt in Grösse und dem äusseren Umrisse sehr mit dem
obern, welchen *Agassiz* von Chimaera (Ischyodon) Townsendii auf
seiner Tab. 40 Fig. 20 abbildete, ist aber am Vorderrand noch höher;
seine Länge beträgt ohngefähr $5\frac{V}{A}$ Zoll. Der vordere von den beiden
obern Zähnen lässt sich mit einem halbirten Hufe vergleichen, indem
sein vorderer langer Rand, längs dessen er mit dem gleichartigen Zahn
der andern Seite zusammmenstösst, in gerader Linie verläuft, der kürzere hintere Rand anfangs ziemlich parallel mit ihm herabsteigt, aber
bald in den unteren übergeht, der schief bogenförmig gegen den vordern hinzieht. Auf der Aussenfläche ist er gewölbt, aber keineswegs
von Rippen und Furchen, wie es bei Ch. monstrosa der Fall ist, durchzogen, sondern fast glatt mit feinen, senkrechten Streifen; parallel mit
dem hintern Rande verläuft eine seichte Aushöhlung. Dieser Zahn hat
eine Höhe von $1\frac{1}{3}$ Zoll und seine grösste Länge kann über 2 Zoll betragen haben. Der hintere obere Zahn ist zu stark beschädigt, als dass
er genauer beschrieben werden könnte; es ist nur zu erwähnen, dass
er vorn in eine scharfe Spitze ausgeht und von dem vorhergehenden
Zahne durch einen schmalen Zwischenraum geschieden ist.

Der Stachel (Tab. 1 Fig. 1) der vordern Rückenflosse ist an seinem obern Ende abgebrochen, gleichwohl ist der annoch erhaltene
Ueberrest $9\frac{1}{2}$ Zoll lang; seine grösste Breite beträgt etwas über $9'''$
und selbst an der erwähnten Bruchstelle macht sie noch beinahe $5'''$

aus. Er ist an der frei liegenden Seite verflacht, seiner ganzen Länge nach fein gefurcht, und sein hinterer Rand ist gegen das obere Ende (von der Bruchstelle an bis zu 2$^{1}/_{2}$ Zoll abwärts) mit kurzen Zähnen, deren Spitzen abwärts gerichtet sind, besetzt.

So unvollständig auch diese Beschreibung ist, so reicht sie doch aus, um zu zeigen, dass die Chimaeriden der Vorzeit einen ähnlichen Habitus wie die lebende Chimaera haben. Dagegen ist die Form der Zähne auch bei unserer neuen Species ebenso, wie bei den übrigen fossilen Arten, davon sehr verschieden. In Bezug auf das Gebiss scheint es mir, dass die neue Art aus dem lithographischen Schiefer bei der Gattung Ischyodon *Egert.* einzureihen ist, doch ist das Gebiss zu unvollständig erhalten, als dass ich mit voller Sicherheit hierüber urtheilen könnte.

II. Familie.
SQUALI. HAIE.

Leib spindelförmig, Brustflossen vom Kopfe geschieden, Kiemenlöcher seitlich.

Agassiz kannte aus den lithographischen Schiefern nur 2 Arten von Haien, welche er in der Gattung Aellopos zusammen stellte. Seitdem sind aber weit mehr hinzugekommen und zum Theil in verhältnissmässig sehr gut erhaltenen Exemplaren; die Mehrzahl hat der fränkische Schiefer, einige auch der schwäbische und südfranzösische geliefert.

a) Zähne comprimirt, dreiseitig und schneidend. — *Carchariae.*

II. Palaeoscyllium *Wagn.*

Aus den Schiefern zu Solenhofen ist uns durch den Ankauf der Häberlein'schen Sammlung ein schönes Exemplar eines Haies zugekommen, von welchem sich nicht nur der ganze Körperumriss, sondern auch die Wirbelsäule und sämmtliche Flossen erhalten haben; nur vom Schädel ist kein fester Theil aufbewahrt, wohl aber gibt er durch einen tiefen markirten Eindruck im Gesteine seine gestreckte, stumpfspitzige Form zu bestimmen. Da auch nicht ein einziger Zahn übrig geblieben ist, so lässt sich dieser Haifisch nur nach der Beschaffenheit der Flossen bestimmen. Darnach aber gehört er zur Gruppe der Scyllien, bei welchen 2 Rückenflossen und 1 Afterflosse vorkommen, wobei die erste Rückenflosse über oder hinter den Bauchflossen steht. In dieser Gruppe nähert sich der fossile Fisch zunächst der lebenden Gattung Ginglymostoma, bei welcher die erste Rückenflosse über der Bauchflosse und die zweite Rückenflosse über dem Anfang der Afterflosse steht. Er unterscheidet sich aber von dieser Gattung gleich durch die kurze und breite Form der Brustflossen, sowie dadurch, dass Bauch- und Afterflosse nicht mit dem Anfange der ihnen gegenüber stehenden Rückenflossen, sondern mehr gegen deren Mitte hin beginnen.

1. *P. formosum Wagn.*
Tab. 2. Fig. 2.

Wagn. Münchn. gel. Anzeig. XLIV (1857) S. 291; Gesch. der Urwelt 2. Aufl. II S. 459.

Es ist dies ein sehr langstreckiger Hai, dessen ganze Länge 1½ Fuss ausmacht. Die paarigen Flossen nebst den beiden Rückenflossen und der Afterflosse sind von mässiger Entwicklung und haben eine dreieckige Form. Die Schwanzflosse beginnt auf der Unterseite mit einem stark vorspringenden dreieckigen Lappen und zieht dann als schmälerer Saum um das Ende der Wirbelsäule herum, doch kann nicht gesagt werden, ob in ununterbrochener Erstreckung oder ob vor dem untern Ende ein Einschnitt vorkommt. Die Bauchflosse steht von der Afterflosse um 1″ 11‴ ab; letztere von der Schwanzflosse um 9‴. Der Abstand zwischen den beiden Rückenflossen beträgt ohngefähr 2″. Die

Wirbelsäule ist von den letzten kleinen Wirbeln des Schwanzes an bis zu der Stelle, wo sie dem Anfang der ersten Rückenflosse gegenüber liegt, vollständig erhalten, nur fehlen durchgängig die Bogentheile. Auf dieser Erstreckung lassen sich gegen 100 Wirbel zählen; im vordersten Theil der Säule hat jedoch die Kalkspath-Bildung die Wirbel ganz zerstört. Letztere sind fast so lang als hoch und seitlich stark ausgeschweift.

Am nächsten verwandt mit Palaeoscyllium ist die *Thyellina angusta Münst.* aus der Kreideformation, aber die letztere differirt sehr von jenem dadurch, dass sowohl After- als Bauchflosse vor dem Vorderrande der beiden Rückenflossen ihren Anfang nehmen.

III. Sphenodus *Ag.*

Mit diesem Namen bezeichnete Agassiz einzelne Zähne aus der Jura- und untern Kreideformation, welche sich durch ihre schlanke Form und schneidenden Ränder bemerklich machen, von denen er aber nicht wusste, ob sie an ihrer Basis einen Höcker tragen oder nicht. Nach ihrer zungenförmigen Gestalt theilte er sie provisorisch der Gattung Lamna als besondere Gruppe zu; das vorliegende Exemplar aus der Gegend von Solenhofen zeigt jedoch, dass die Basis keine Höcker trägt, in welcher Beziehung Sphenodus mit Oxyrhina überein kommt und demnach kaum verdient, von letzterer als besondere Gattung getrennt zu werden.

1. Sph. nitidus *Wagn.*
Tab. 1. Fig. 4.

Zum Erstenmale hat man ausser Zähnen auch noch ein Stück der Wirbelsäule mit einigen zertrümmerten Stücken des Schädels beisammen gefunden. Von ersteren liegt ein ganzes Haufwerk vor in den verschiedensten Grössen; die grössten Zähne sind bis 10''', die kleinsten nur 2'''. In ihrer Form kommen sie mit denen von Sphenodus longidens *Ag.* aus dem sogenannten untern Oolith von Rabenstein (bei Muggendorf) überein, sind aber schmäler und erreichen nicht deren grösste Länge. Sowohl wegen dieses Umstandes, als auch wegen der Verschiedenheit in der Reihenfolge der jurassischen Ablagerungen nehme ich Anstand, beiderlei Zähne miteinander zu vereinigen und habe daher denen der lithographischen Platte einen besondern Namen beigelegt. Die Wirbel, aus dem Anfangstheil des Rumpfes herrührend, sind sehr robust und etwas höher als lang.

IV. Notidanus *Cuv.*

Dem äussern Habitus nach unterscheidet sich diese Gattung von allen andern Species dadurch, dass sie nur eine einzige Rückenflosse zugleich mit der Afterflosse hat; die Zähne sind mehr oder minder kammförmig zerschnitten. Lebende Arten kennt man 3, nämlich den *Hexanchus griseus Linn.*, den *Heptanchus cinereus Linn.* und den *Hept. indicus Cuv.*; die ersteren beiden finden sich schon im Mittelmeere, der letztere im indischen Ozean. An urweltlichen Arten hatte man bereits einige vom Lias an durch die jüngeren Formationen hindurch entdeckt, aber freilich nichts weiter von ihnen als vereinzelte Zähne. Aus dem lithographischen Schiefer kannte man zu der Zeit, wo Agassiz sein berühmtes Werk publizirte, noch gar keine Ueberreste von dieser Gattung; erst in neuerer Zeit wurden sie darin bei Eichstädt aufgefunden und zwar, was zu den glücklichsten und allerseltensten Funden gehört, in einem fast vollständigen Exemplare. Eine zweite Art, jedoch nur auf einen einzelnen Zahn begründet, lieferte die Häberlein'sche Sammlung; eine dritte kam gleichfalls nur in Zähnen bei Nusplingen vor. Aus den französischen Schiefern ist noch nichts von dieser Gattung bekannt geworden. Wie ich mit grosser Wahrscheinlichkeit vermuthe, wird auch der *Aellopos Wagneri Ag.* ihr noch angehören.

1. N. eximius *Wagn.*
Tab. 1. Fig. 2.

N. Münsteri. Beyrich, Zeitschr. d. deutschen geol. Gesellsch. I
S. 435. — *Frischmann*, ebenda S. 435 tab. 6.

Diese Art beruht auf dem schon erwähnten, grossen, fast vollständigen und in einer Doppelplatte vorliegenden Exemplare, das bei Eichstädt ausgegraben wurde, und ausserdem noch auf einem einzelnen Zahne, der von Dailing herrührt. Von ersterem haben zuerst *Beyrich* und *Frischmann* eine Notiz gegeben und letzterer ihr eine Abbildung des Thieres und der Zähne beigefügt.

Mit Ausnahme der fehlenden hintern Schwanzhälfte ist das Eichstädter Exemplar seiner ganzen Länge nach erhalten und zeigt die frei vorliegende Wirbelsäule und einen grossen Theil der Zähne auf, nebst dem Umrisse des Körpers und der Flossen, doch sind die Conturen an mehreren Stellen stark beschädigt. Der Kopf ist ziemlich dick, seine Schnauze weit breiter geendigt als beim N. cinereus, ohne doch die ganze Breite des N. griseus zu erreichen, welche beide mir in Weingeist-Exemplaren zur Vergleichung vorliegen. Von den Brustflossen ist nur die eine unterscheidbar, aber im Umrisse stark beschädigt, doch zeigt sie wenigstens eine erhebliche Grösse an. Auch die Bauchflosse ist ziemlich gross, doch zu zerrüttet, als dass sich Genaueres über ihre Form angeben liesse. Die Afterflosse ist deutlich angezeigt und macht die kleinste unter allen Flossen aus. Dem Zwischenraume zwischen ihr und der Bauchflosse gegenüber, doch so, dass sie noch über den Anfang der erstern hinaus sich erstreckt, liegt die Rückenflosse; sie ist dreieckig, nicht besonders gross und etwas länger als hoch. Von der Schwanzflosse ist nur noch das Vordertheil erhalten, was unten mit einem stark vorspringenden Lappen beginnt; die grössere hintere Hälfte ist weggebrochen. Die Länge des fossilen Exemplares von dem Schnauzenrande bis zur Bruchstelle des Schwanzes beträgt 7 Fuss; darnach darf man die vollständige Länge bis zur Schwanzspitze wohl auf 9 Fuss anschlagen. Die beiden im Mittelmeere lebenden Arten können bis 12 Fuss lang werden.

Wie der ganze Habitus des fossilen Fisches den Typus von Notidanus an sich trägt, so ist diess auch mit dem Gebisse der Fall. Die vordersten Zähne in der Oberkinnlade sind einfache Zacken; die grössten und am meisten kammförmig getheilten finden sich im Unterkiefer. Die grössten von diesen sind 9 Linien lang; sie steigen mit einem schiefen, hohen, am Vorderrande ungekerbten spitzen Zacken auf, dem hinterwärts 3 kleinere, an Grösse allmählig abnehmende, nachfolgen, und zwar so, dass die Basis des Zahnes noch etwas über die letzte Spitze hinaus verlängert ist. Sämmtliche Zacken sind mit der Spitze etwas rückwärts gekrümmt und scharf und tief voneinander gesondert; bei einigen der kleineren Zähne sind nur 3 deutliche Zacken wahrzunehmen, bei etlichen anderen kommt zu den gewöhnlichen 4 Zacken noch ein kleiner fünfter hinzu. Obwohl nun aber das Gebiss des fossilen Exemplares im Wesentlichen die Norm der 3 lebenden Arten von Notidanus einhält, so belehrt doch die Vergleichung der Abbildungen, welche Agassiz, Bonaparte und Müller-Heule vom Zahnsysteme der letzteren geben, dass darnach der fossile Fisch als eine von ihnen scharf unterschiedene eigenthümliche Art sich ausweist.

Im Habitus und Zahnsysteme der fossilen Art haben wir nach Vorstehendem die wesentlichen Merkmale der Gattung Notidanus aufgefunden; desto auffallender ist es, dass in der Bildung der Wirbelsäule nicht gleiche Uebereinstimmung vorhanden ist. Man weiss nämlich von den lebenden Arten von Notidanus (nach den Untersuchungen von *J. Müller*[1]), dass die Wirbelsäule keine Spur von Knochensubstanz enthält, sondern dass die Mitte derselben nur von einer fasrig-knorpeligen

---

1) *Ag.* rech III p. 363.

Scheide der chorda dorsalis gebildet wird, und dass letztere selbst nicht einmal äusserlich die Spur einer Trennung von Wirbeln zeigt, so dass man die Anzahl blos nach den paarigen peripherischen Stücken, die daran haften, zählen kann. Dagegen erkennt man im Innern dieser, mit Gallerte erfüllten Scheide die Wirbel an häutigen, von einer mittlern Oeffnung durchbohrten Querwänden. Wegen der Weichheit der Wirbelsäule bei den lebenden Arten von Notidanus gab daher Agassiz die Erklärung ab, dass man keineswegs erwarten dürfe, von dieser Gattung fossile Wirbel zu finden. Und gleichwohl hat sich das Unerwartete eingestellt: die fossile Art hat eine gegliederte Wirbelsäule, sowie sie auch bei andern fossilen Haien zum Vorschein kommt. Die ganze Wirbelsäule liegt frei aufgedeckt, hat aber dadurch gelitten, dass ein grosser Theil ihrer Wirbel durch Spaltung der Steinplatte halbirt und hiemit auf beide Hälften der letzteren vertheilt wurde. Sie sind durchgängig viel höher als lang und zwar so, dass die Höhe die Länge (letztere am obern Rande der Gelenkflächen gemessen) um das Doppelte übertrifft. Das Innere der Wirbel ist mit gewöhnlicher Gesteinsmasse oder Kalkspath ausgefüllt; die Gelenkflächen stellen sich aber allenthalben als feste Masse dar. Vom Anfange der Wirbelsäule an liegen die Wirbel dichtgedrängt aneinander an, indem sie zugleich langsam an Grösse abnehmen; vom Beginn der Schwanzflosse an rücken sie aber, zugleich rasch kleiner werdend, immer weiter auseinander, so dass der letzte der noch vorhandenen Schwanzwirbel bereits um einen halben Zoll von seinem Vorgänger entfernt ist. Die grössten Wirbel erreichen eine Höhe von fast einem Zoll.

Beyrich und Frischmann haben vorliegendes Exemplar mit dem *Notidanus Münsteri Ag.*[1] zu einer und derselben Art gezählt. Letzterer ist nur nach ein Paar Zähnchen aus dem untern Jurakalk von Streit-

---

1) *Ag.* rech. III p. 222 tab. 27 fig. 2, 3.

berg bekannt; allein diese sind nicht blos weit kleiner, sondern auch mit 5 Zacken versehen und diese sind überdiess nicht so weit voneinander gesondert als es bei dem Eichstädter Exemplare und dem einzelnen Zahne von Daiting der Fall ist. Bei solchen Verschiedenheiten in der Form der Zähne und in dem Alter ihrer Ablagerung lässt sich eine specifische Vereinigung nicht rechtfertigen und ich habe deshalb die beiden Vorkommnisse aus dem fränkischen lithographischen Schiefer als eigenthümliche Art unter dem Namen N. eximius abgesondert. Dagegen liegt mir von *Nusplingen* ein Zahn von 8 Linien Länge vor, der, wie einige Zähne von N. eximius es ebenfalls zeigen, eine kleine fünfte Spitze trägt und in seiner ganzen Form mit selbigen übereinkommt. Ich betrachte ihn als Repräsentanten des fränkischen N. eximius in den schwäbischen Schiefern [1].

Ausserdem habe ich zweier, merkwürdig vollständiger Exemplare von Notidanus zu gedenken, die freilich noch nicht ganz die Länge von 4½ Zoll erreichen. Jedes liegt in einer Doppelplatte vor; die eine der alten Sammlung angehörig, die andere neu aus Eichstädt zugekommen. Der ganze Umriss des Körpers und der Flossen hat sich erhalten und gibt alle Merkmale zu erkennen, welche den Habitus von Notidanus charakterisiren. Der Kopf stellt durch seine Dicke und insbesondere durch das abgerundet breitstumpfige Schnauzenende ein Miniaturbild von N. griseus dar. Die einzige Rückenflosse liegt weit hinterwärts, zum Theil noch der Afterflosse gegenüber. Diese nebst den Bauch- und Brustflossen sind aufbewahrt, letztere unter ihnen die grösste;

---

[1] Den Zähnen von N. eximius nähern sich auch diejenigen an, welche *Quenstedt* in seinem Jura tab. 96 fig. 33 und 34 abbildet und die von Schnaitheim herstammen. Mit denen des N. Münsteri von Streitberg dürfen sie indess nicht vereinigt werden, da die von Schnaitheim viel grösser und ihre Zacken weiter auseinander gerückt sind.

die sehr lange Schwanzflosse umsäumt das ganze Schwanzende. Die Haut ist überall mit Chagrin-Körnchen besetzt; selbst die Wirbelsäule ist wahrnehmbar und zeigt an einigen Stellen unter der Loupe eine schwache Gliederung. Dass beide Exemplare die ersten Jugendstände eines Notidanus darstellen, ist unverkennbar; zweifelhaft bleibt es nur, von welcher Art. Zunächst muss man an N. eximius denken, obgleich bei diesem die Schnauze nicht die gleiche Breite erreicht, wie bei diesen jugendlichen Individuen.

2. N. Wagneri. Ag.

Aellopos Wagneri. Ag. III p. 376.

Mit diesem Namen bezeichnete Agassiz ein der hiesigen Sammlung angehöriges, von Solenhofen herstammendes Fragment eines Hales, von dem sich nur die hintere Körperhälfte conservirt hat, die gleichwohl noch immer über 3 Fuss lang ist. Nach dieser ganzen Ausdehnung liegt die wohlerhaltene Wirbelsäule vor nebst einem grossen Theil der Schwanzflosse, ferner nahe an letzterer eine Rückenflosse, und weit abgerückt von jener eine untere Flosse. Ueber die Geltung der letzteren äusserte sich Agassiz nicht; die Rückenflosse erklärte er jedoch als eine zweite. Münster hatte ihm ein zweites kleineres Exemplar von ähnlicher Erhaltungsweise unter dem Namen *Aellopos elongatus* überschickt und Agassiz erkannte es als eine zweite Art einer neuen Gattung an, der er den Münster'schen Namen Aellopos beliess. Das hiesige Exemplar bezeichnete er als Aellopos Wagneri, weil *Rudolph Wagner*[1] zuerst auf dasselbe aufmerksam gemacht hatte. Nach der Form der Wirbel war er geneigt anzunehmen, dass die neue Gattung mehr zum Typus von Galeus als zu Carcharias hinneige und dass sie sich

---

[1] In *Kastner's* Archiv f. d. ges. Naturl. XVI. S. 81.

hauptsächlich durch die beträchtliche Grösse der zweiten Rückenflosse, sowie durch deren dreieckige und pyramidale Form auszeichne.

Die beiden ebenerwähnten Fragmente waren zu der Zeit, wo sie Agassiz zu Gesicht kamen, die ersten und einzigen unter den fossilen Haien überhaupt, welche ihm einen ansehnlichen Ueberrest des Körpers zur Betrachtung darboten; von Notidanus waren bis dahin zwar schon Zähne, sonst aber nichts weiters bekannt. Jetzt aber, wo mir ein fast ganzes Individuum vom letzteren vorliegt, bin ich in den sehr seltenen Fall gekommen, dass ich von der Meinung des grossen Systematikers abweichen muss. Ich bin nämlich der Ansicht, dass die beiden unter Aellopos vereinigten Arten zwei verschiedenen Gattungen angehören, wovon die eine, der Aell. elongatus, wenn nicht zu Squatina gehörig, als selbstständige Gattung zu belassen, die andere aber, der Aell. Wagneri, höchst wahrscheinlich an Notidanus zu verweisen ist.

An unserem Exemplare von Aell. Wagneri, wie es Agassiz bezeichnete, sind nur 3 Flossen sichtlich. Von diesen ist die Schwanzflosse unverkennbar; die einzige obere Flosse wurde von ihm als zweite Rückenflosse gedeutet, über die dritte äusserte er sich nicht weiter. Zur Stellung des fossilen Exemplares zur Gruppe von Galeus, wo allerdings 2 Rückenflossen vorhanden sind, wurde Agassiz, wie erwähnt, durch die Form der Wirbel veranlasst, indem nach seiner Angabe wenigstens die Wirbelkörper fast so lang als hoch und auf ihrer Oberfläche glatt sind. Allein schon gleich dieses Merkmal muss doch dahin modificirt werden, dass die Höhe der Wirbel ein beträchtliches Uebergewicht über die Länge hat. Schon an den grössten der vordern Wirbel beträgt die Höhe $6\frac{1}{2}'''$, während die Länge nur $4\frac{1}{2}'''$ ausmacht, und im weitern Verlaufe wird das Missverhältniss in den Dimensionen nicht günstiger. Von Galeus macht aber Müller bemerklich, dass die Wirbel in der Mitte des Körpers merklich länger als hoch sind, in der vordern und hintern

Partie der Wirbelsäule gleich lang, auf dem Schwanze sogar höher als
lang. Da nun aber bei unserem fossilen Exemplare alle Wirbel ohne
Ausnahme erheblich höher als lang sind, so kann aus dieser Form kein
Anhaltspunkt zu ihrer Zuweisung zur Gruppe von Galeus gewonnen
werden und wir haben uns daher nach einem andern umzusehen.

Diesen Anhaltspunkt gibt uns aber der N. eximius, denn was vom
Aell. Wagneri erhalten ist, zeigt damit die überraschendste Aehnlichkeit. Diese gibt sich schon gleich in der Wirbelsäule kund und zwar
nach zweierlei Beziehungen. Erstlich sind die Wirbel des letzteren
durchgängig weit höher als lang, wenn auch nicht in gleichem Grade
wie bei N. eximius; ferner die Wirbel in der Schwanzflosse rücken allmählig immer weiter auseinander und sind zuletzt so weit voneinander
abstehend wie bei letzterem. Wenn auch dieses Auseinanderrücken der
Wirbel nicht bereits am Anfange der Schwanzflosse wie bei N. eximius,
sondern erst in deren Mitte erfolgt, so ist in diesem Umstande eben so,
wie in der geringeren Schmalheit derselben, doch nur eine Differenz
von spezifischem, nicht von generischem Werthe zu sehen.

Eine ähnliche Uebereinstimmung findet in der Form und Stellung
der Flossen statt. Die lange Schwanzflosse beginnt unten wie bei N. eximius mit einem vorspringenden Lappen. In verhältnissmässig gleicher
Entfernung folgt die Rückenflosse in ähnlicher, aber weit besser erhal-
tener dreieckiger Form. Sie ist weit länger als hoch, steigt mit ihrem
Vorderrande sehr schief auf und fällt mit ihrem hintern fast senkrecht
ab; die Länge ist ohngefähr $5\frac{1}{2}'''$, die Höhe $2''\ 9'''$. In kurzer Entfernung von ihr beginnt unten die Bauchflosse, von der übrigens nur
ein an den Rändern zerfetzter Abdruck vorhanden ist. Zwischen dem
Hinterrande der Bauchflosse und dem Anfang der Schwanzflosse liegt
ein $13''$ freier Raum, der keine Flosse zeigt; da aber dessen Betrachtung ausweist, dass er durch das Messer abgeglättet worden ist, so hat

es die grösste Wahrscheinlichkeit, dass bei dieser Gelegenheit die auch
bei N. eximius ebenfalls sehr kleine Afterflosse beseitigt wurde. Unter
dieser Voraussetzung ist aber die Uebereinstimmung mit Notidanus vollständig dargethan; es gibt dann auch nicht 2, sondern nur eine einzige
Rückenflosse, ferner würde die ganze Länge des Thieres nicht auf 10
Fuss, wie Agassiz meinte, sondern nur auf 5—6 Fuss zu schätzen seyn.

Mit N. eximius darf jedoch der N. Wagneri nicht zu einer Art
verbunden werden; er unterscheidet sich von jenem durch grössere
Länge der Wirbel und dadurch, dass das Auseinanderrücken derselben
nicht mit dem Anfange der Schwanzflosse, sondern erst gegen deren
Mitte beginnt. Auch die Rückenflosse hat verhältnissmässig eine grössere Länge als bei N. eximius. Noch habe ich bemerklich zu machen,
dass sich bei diesem Exemplare, im geringeren Grade auch bei ersterem,
ansehnliche Ueberreste der braunen Chagrinhaut im besten Zustande erhalten haben; ebenso die darunter liegende Muskelschichte, welche in
eine weisse, fettig glänzende, specksteinartige Masse verwandelt wurde.

3. N. intermedius *Wagn.*
Tab. 1. Fig. 3.

Es ist nur ein einzelner, von Mühlheim bei Solenhofen stammen-
der Zahn des Unterkiefers, der mich zur Aufstellung einer neuen und
von allen andern sehr verschiedenen Art von Notidanus veranlasst. Was
ihn besonders auszeichnet, ist der Umstand, dass der Hauptzacken fast
in die Mitte der Basis zu liegen kommt, indem der vordere Theil derselben nicht sonderlich viel kürzer ist als der hinter dem grossen Zacken abgehende, und dass beide Abtheilungen gezackt sind. Dadurch
gewinnt dieser Zahn Aehnlichkeit mit denen von Hybodus, unterscheidet
sich indess doch durch einen andern Habitus und insbesondere durch
den gänzlichen Mangel von Streifen. Er ist an seiner Basis sehr lang

gestreckt, aber nur von geringer Höhe. Der Hauptzacken steht etwas eocentrisch, ist auf der Oberfläche stark gewölbt, glatt und mit der Spitze etwas rückwärts geneigt. Hinter ihm folgen in allmählig abnehmender Grösse 2 andere kleinere und ebenfalls rückwärts geneigte Zacken und dann ein schmales, spitzig zulaufendes und auf seinem obern Rande zweimal eingekerbtes Plättchen. Vor dem Hauptzacken stehen ebenfalls zwei Zacken, die aber weit kleiner und stumpfer als die hintern Nebenzacken und zugleich vorwärts geneigt sind; auf sie folgt dann ein ähnliches und zweimal eingekerbtes Plättchen wie hinterwärts. Die Basis des Zahnes misst 9''', die Höhe des Hauptzackens 3'''. — Ob dieser Zahn dem Rachen des N. Wagneri entnommen ist oder eine neue Art ankündigt, lässt sich bei der Unbekanntschaft mit dem Gebisse des ersteren nicht entscheiden; zur Vermeidung von Confusion mag er einstweilen als Repräsentant einer dritten Notidanus-Art aus den lithographischen Schiefern angesehen werden[1]. Am meisten Aehnlichkeit hat er mit N. primigenius, ist aber durch Form und Lagerung davon verschieden.

β) Zähne verflacht und pflasterartig gereiht. — *Cestraciontes*.

V. Acrodus *Ag.*

Von der devonischen Abtheilung des Uebergangsgebirges an bis zum Schlusse der Kreideformation kommen in einer grossen Mannigfal-

---

[1] Noch ist auf eine vierte fossile Art von Notidanus aus dem lithographischen Schiefer aufmerksam zu machen, die jedoch nicht in Franken, sondern in Schwaben (Nusplingen) gefunden wurde. Es ist diess der *N. serratus Fraas*. (Würtemb. Jahresheft. 1855 S. 93), ebenfalls nur nach einzelnen Zähnen bekannt, von denen *Quenstedt* einen in seinem Jura tab. 96 fig. 44 abbildete. Er unterscheidet sich von allen bisher erwähnten fossilen Zähnen sehr auffallend dadurch, dass der Hauptzacken auf seinem Vorderrande kleine Nebenspitzen trägt und dass der Zahn überhaupt mehr Zacken als die andern Arten aufzuweisen hat.

tigkeit von Formen eigenthümliche abgeplattete und gerunzelte Zähne vor, die meist vereinzelt, mitunter jedoch auch pflasterartig aneinander gereiht gefunden werden. Man wäre mit ihrer Deutung in grosser Verlegenheit gewesen, da unter den gewöhnlichen Formen von Knorpelfischen keiner mit ähnlicher Zahnbildung versehen ist, wenn nicht im südlichen Ocean ein Hai entdeckt worden wäre, der hierüber befriedigende Auskunft hätte geben können. Es ist diess der *Cestracion Philippi*, der an den Küsten von Neuholland lebt; in neuerer Zeit wurde noch eine zweite, ihm sehr ähnliche Art an der Küste von Japan aufgefunden. Unter den vielen Gattungen, die nach fossilen Zähnen unter den Cestracionten errichtet wurden, kommt am meisten Acrodus mit der lebenden Gattung Cestracion überein; ein glücklicher Fund hat nunmehr gezeigt, dass diese Aehnlichkeit auch auf die ganze Leibesform sich erstreckt.

1. A. falcifer *Wagn.*
Tab. 2. Fig. 1.

Wagn. Münchn. gel. Anzeig. Bd. 44 (Jahrg. 1857) S. 290.

Die Häberlein'sche Sammlung hat uns von Solenhofen ein ziemlich gut erhaltenes Exemplar von dieser Art überbracht, dessen schon *Quenstedt* in seiner Petrefaktenkunde S. 178 gedenkt. Der Schädel freilich, wie es sich von einem Knorpelfisch nicht anders erwarten lässt, ist ganz verdrückt und einzelne seiner Theile sind losgerissen; auf eine nähere Deutung wage ich mich nicht einzulassen, da ich von Cestracion keinen Schädel zur Vergleichung benützen kann und die einzige Abbildung [1], welche mir von demselben bekannt ist, hiezu nicht ausreicht. Dagegen ist die Wirbelsäule fast vollständig aufbewahrt, indem ihr nur ein kurzes Stück vom Schwanzende fehlt; ebenso sind sämmtliche Flossen mehr

---

[1] *Owen*, Odontography tab. 10 fig. 1.

oder minder deutlich angezeigt, nämlich 2 Rückenflossen, eine Brust-, Bauch- und Afterflosse und das Vorderstück der Schwanzflosse. Auch Stücke von der rauhen Chagrinhaut kommen zum Vorschein.

Die Zähne sind umher zerstreut, doch einige noch partienweise vereinigt. Man weiss, dass bei den Cestracionten die Zähne des Oberkiefers mit denen des untern gleichartig und pflasterförmig aneinander gereiht sind, und zwar in der Weise, dass der Vordertheil beider Kiefer mit kleinen, spitzen Zähnen und die Seitentheile mit langstreckigen, in der Mitte erweiterten Zähnen besetzt sind. Was insbesondere die Gattung Acrodus anbelangt, so ist sie hauptsächlich dadurch charakterisirt, dass die seitwärts liegenden langstreckigen Zähne auf der Mitte ihrer Schmelzplatte mit einem Längskiele belegt sind, von welchem Querrunzeln nach den Zahnrändern verlaufen. Ganz von derselben Beschaffenheit sind nun aber die langstreckigen Zähne unsers fossilen Exemplares und es kann sich daher kein Zweifel über seine Zugehörigkeit zu Acrodus erheben. Einige dieser Zähne sitzen noch partienweise zusammen und an einer dieser Gruppen sieht man sie in 4 Querreihen vertheilt, die jedoch nicht so schief wie bei Cestracion gestellt sind. Der längste unter diesen Zähnen misst noch nicht ganz 2 Linien; die seitlichen Querrunzeln verlaufen theils linienartig, theils vorwirren sie sich unregelmässig untereinander. Ausser diesen langstreckigen Formen finden sich auch noch am vordern Kieferende einige Reihen kleiner spitzer Zähne ein, wie solche wesentlich zum Gebisse der Cestracionten gehören.

Die Wirbelsäule ist von ihrem Anfange an bis zur Mitte der Schwanzflosse erhalten und zählt in diesem Verlaufe 72, dicht aneinander gedrängte und robuste Wirbel; sie sind etwas höher als lang und in der Mitte stark ausgeschweift.

Jede der beiden Rückenflossen ist vorn mit einem gewaltigen, rückwärts gebogenen zugespitzten, glatten und ganzrandigen Stachel bewaffnet[1]. Der vordere ist der grössere und hat (in gerader Linie) eine Länge von 1" 9'''; an der Basis ist er 6''' breit. Der Stachel der zweiten Rückenflosse ist nur 1" 2½''' lang und an der Basis 4''' breit. Hinter jedem Stachel folgt eine breite Flosse, deren Conturen nicht sicher angegeben werden können; die erste Rückenflosse ist auffallend weit vom Schnauzenende abgerückt, so dass sie in die Mitte der Körperlänge zu stehen kommt.

Von der einen Brustflosse ist nur eine Spur vorhanden; die Bauchflosse beginnt mit einem festen Rande gerade unterhalb des Stachels der ersten Rückenflosse und zeigt eine breite abgerundete Form; die Afterflosse, nur in schwachen Spuren angezeigt, scheint eine ähnliche Stellung wie bei Cestracion eingenommen zu haben. Von der Schwanzflosse ist nur noch ein zolllanges Stück vom hintern Theil des untern Lappens aufbewahrt; dasselbe ist breit abgerundet und hat eine Höhe von etwas über einem Zoll. Die Länge des annoch vorhandenen Skeletes beträgt 13½''', so dass das ganze Thier gegen 17 Zoll lang gewesen seyn mochte.

Die Haut, soweit von ihr Ueberreste vorhanden sind, wird allenthalben durch ihr aufliegende Schuppen rauh gemacht. Auf der Vorderhälfte des Körpers sind sie am grössten, dicht gedrängt und von licht olivengrünlicher Färbung. Sie sind spitz dreieckig und etwas gewölbt; längs ihrer Mitte werden sie von einem scharfen Kiele durch-

---

[1] Nach *Quenstedt's* Angabe sollen an diesem Exemplare die beiden Rückenstacheln „auf dem Hinterrande wie mit kleinen Rosendornen gezahnt" seyn. Diese Notiz beruht jedoch auf einem Irrthume; der Hinterrand beider Stacheln ist eben so wenig gezahnt, als es der bei Cestracion Philippi ist. Es scheint eine Verwechselung mit dem Hautbesatze, der einigermassen mit Rosendornen verglichen werden kann, vor sich gegangen zu seyn.

setzt, der hinterwärts der Basis als breiter Blattstiel hinausragt. Auf den senkrechten Flossen finden sich nur sehr kleine und weiter auseinander gerückte spitzzackige Schüppchen.

Obwohl unser fossiles Exemplar im Habitus grosse Aehnlichkeit mit Cestracion Philippi zeigt, so unterscheidet es sich von selbigem schon gleich durch die gewaltige Grösse des Stachels in beiden Rückenflossen und durch die weit zurückgedrängte erste Rückenflosse, welche der Bauchflosse gegenüber liegt. Ausserdem weist das Gebiss auf Acrodus hin, von dem bis jetzt keine Spur in der ganzen Erstreckung des lithographischen Schiefers oder der süddeutschen weissen Juraformation überhaupt zum Vorschein gekommen ist. Um so bedeutsamer ist es daher, dass jetzt dieser Nachweis geliefert ist, und zwar nicht blos nach einzelnen Zähnen, sondern in einem vollständigen Individuum, dem einzigen, durch welches die grosse Gruppe der fossilen Cestracionten überhaupt repräsentirt ist.

γ) Mund am vordern Schnauzenende — S q u a t i n a e.

VI. Squatina Dum. (*Thaumas Münst.*)

Die ersten fossilen Ueberreste dieser Gattung machte *Münster* unter dem Namen *Thaumas* bekannt. Da er indess keine Skeletsammlung zur Vergleichung benützen konnte, so entging ihm deren Verwandtschafts-Verhältniss zur lebenden Gattung Squatina, ja er reihte sogar seinen Thaumas bei der Familie der Rochen ein. Schon *Giebel* machte jedoch aufmerksam, dass die Münster'sche Beschreibung und Abbildung entschieden für Identität mit der Gattung Squatina spreche, und *Fraas*, auf neue Exemplare gestützt, wies diess dann durch unmittelbare Vergleichungen der Skelete zur Evidenz nach. Meine eigenen Untersuchungen können dieses Resultat nur bestätigen. Ich mache blos noch darauf aufmerksam, dass bei allen fossilen Exemplaren von Squatina in der Beckengegend vor und hinter dem Bauchgürtel 10 bis 12 lange

Rippenpaare vorhanden sind, wie diess auch bei der lebenden Squatina
der Fall ist, an welcher man zugleich sieht, dass die vor diesen langen
Rippen liegenden sehr verkürzt sind. Von andern Haien, deren Skelet
mir bekannt ist, weiss ich keine ähnliche Verlängerung der hintern
Rippen, während die fossilen Rochen dasselbe Verhalten zeigen. —
Phorcynis catulina Thioll. von Cirin, von der ein Exemplar auch hier
vorliegt, scheint mir nach dem breiten, vorn bogenförmig auslaufenden
Kopfe, wie er auf unserer Platte wahrzunehmen ist, ebenfalls zu den
Squatineu zu gehören.

1. Sq. alifera *Münst*.

Thaumas alifer. Münst. Beitr. V S. 62 tab. 7 fig. 1. — *Thaumas fimbriatus. Münst.* a. a. O. VI S. 53 tab. 1 fig. 4. — *Squatina alifera.* Giebel Faun. d. Vorwelt I. c. S. 298.

Zu dem Münster'schen Exemplare von Eichstädt ist jetzt auch eines
aus der Häberlein'schen Sammlung hinzugekommen, was entnehmen lässt,
dass bei ersterem der Brustgürtel aus seiner natürlichen Lage gerissen,
dadurch zu sehr dem Bauchgürtel angenähert und überdiess umgekehrt
worden ist, so dass seine seitlichen Fortsätze jetzt, statt rückwärts, vorwärts gerichtet sind. Die Länge des neuen Exemplares ist dieselbe wie
die des Münster'schen, nämlich 18½ bis 19 Zoll.

Noch hat Münster eine andere Art unter dem Namen *Thaumas
fimbriatus* von Kelheim nach einem sehr fragmentarischen Exemplare bekannt gemacht; er unterschied sie von der ersten durch das Vorkommen
gefranzter Lappen am Kopfe, deren Bedeutung er nicht kannte. Diese
Lappen sind insofern wichtig, als sie den sichern Nachweis liefern, dass
die fossile Squatina eine von den lebenden verschiedene Art ausmacht.
Es findet sich nämlich bei den beiden lebenden Arten am innern Win-
kel eines jeden Nasenloches eine dreitheilige Klappe, deren beide seit-

liche Lappen bei Squatina vulgaris sehr schwach, bei Sq. fimbriata Müll. Henl. dagegen sehr stark entwickelt und mehrfach zerschnitten sind. Bei Thaumas fimbriatus Münst. sind aber diese Lappen um mehr als das Doppelte grösser, insbesondere an der Wurzel breiter, auch viel tiefer eingeschnitten als bei Sq. fimbriata Müll. Henl. Es besteht daher kein Zweifel, dass die fossile Art entschieden mit keiner der lebenden verbunden werden kann; dagegen halte ich mich nicht berechtigt, sie von Thaumas alifer zu trennen, da der von ihr erhaltene Ueberrest in der Grösse und Form mit letzterem übereinstimmt. Der Name Thaumas fimbriatus hätte ohnediess nicht belassen werden können, da kurz vorher Müller und Henle eine lebende Art als Squatina fimbriata bezeichnet hatten.

2. Sq. acanthoderma *Fr.*

Fraas Zeitschr. der d. geol. Gesellsch. VI S. 782 tab. 27 bis 29. — *Quenst.* Jura S. 811. — ? *Aellopos elongatus Münst.* Ag. III p. 377.

Bei Nusplingen in Schwaben sind mehrere Exemplare von fossilen Squatinen gefunden worden, die *Fraas* als Sq. acanthoderma beschrieb und die sämmtlich grösser sind als die fränkischen Vorkommnisse; das grösste misst 4' 2", das kleinste 2' 2", ist also immer noch grösser als letztere. Fraas gibt nur Unterschiede zwischen seiner fossilen Art und der lebenden Sq. vulgaris an, hat aber die Vergleichung mit Sq. alifera übergangen. In Ermangelung schwäbischer Exemplare kann ich nur bemerklich machen, dass Sq. alifera und Sq. acanthoderma, abgesehen vom Grössenunterschied, im Habitus ganz miteinander übereinstimmen; die erste Rückenflosse fehlt auf allen Platten, sicherlich nur zufällig. Eben so scheinen bei beiden die Zähne von gleichartiger Bildung zu seyn; auch die Wirbelzahl kommt bei den fränkischen und schwäbischen Exemplaren ohngefähr auf dasselbe hinaus. Das Gleiche

gilt von der Lage und Form der zweiten Rückenflosse[1], sowie von der
Form der Schwanzflosse. Wenn bei Münster's Thaumas alifer letztere
verhältnissmässig kürzer und breiter erscheint als bei Sq. acanthoderma,
so rührt diess nur davon her, dass bei jenem die Schwanzflosse mit
ihrem hintersten Ende sich in das Gestein hineingesenkt hat und durch
die Bearbeitung in ihrem Umrisse etwas alterirt worden ist. Bei dem
Solenhofer Exemplare von Sq. alifera ist diese Flosse nach ihrer Form
ganz der von Sq. acanthoderma entsprechend. Fraas gibt als Haupt-
unterschied letzterer Art von Sq. vulgaris an, dass bei ersterer die
Hautstacheln jederseits mit einer Nebenspitze versehen, bei letzterer nur
einfach sind. Bei unsern hiesigen Exemplaren sind bloss auf der grossen Münster'schen Platte einige kleine Partien von Hautstacheln aufbewahrt, die allerdings in der Mehrzahl nur einspitzig sind, doch sind
einige der grösseren beiderseits an der Basis in eine dünne Spitze ausgezogen. Indem ich auf dieses Merkmal kein besonderes Gewicht legen
kann, wüsste ich sonst zwischen Sq. alifera und acanthoderma keinen
andern Unterschied als den in der Grösse zu bezeichnen; indess auch
dieser verliert dadurch an Werth, dass es unter den Exemplaren von
Nusplingen ebenfalls solche gibt, die nicht sonderlich grösser als die
fränkischen sind, so dass beiderlei Vorkommnisse wahrscheinlich zu einer
und derselben Art gehören.

3. Sq. speciosa Myr.

Thaumas speciosus. *Meyer*, Jahrb. f. Min. 1856 S. 418; Pa-
laeontogr. VII. S. 1 tab. 1 fig. 2. — *Wagn.* Münchn. gel. Anzeig.
Bd. 44 S. 292.

Eine von *H. v. Meyer* begründete und zierliche Art, die nicht ganz

---

[1] Auf Tab. 29 bezeichnet *Fraas* diese Flosse als die erste; sie ist aber
die zweite Rückenflosse.

5½ Zoll Länge erreicht. Das erste Exemplar, welches die hiesige Sammlung erwarb, stammt in einer Doppelplatte aus der Häberlein'schen. Zwei andere, worunter ebenfalls eine Doppelplatte, kamen aus der h. Leuchtenberg'schen Sammlung von Eichstädt hinzu; letztere sind in Frischmann's Zusammenstellung der fossilen Ueberreste des lithographischen Schiefers S. 17 als Asterodermus platypterus Ag. aufgeführt, was jedoch auf einer Verwechslung beruht. Da Meyer diese Art nach den eben erwähnten Exemplaren von Eichstädt genau charakterisirt und abgebildet hat, so brauche ich nicht weiter bei ihr zu verweilen.

VI. a. ? Aellopos *Münst.*

Wie schon vorhin bemerklich gemacht wurde, fasste *Agassiz* unter diesem Namen zwei verschiedene Formen zusammen, von denen ich den Aell. Wagneri an Notidanus verwiesen habe und daher die Gattung Aellopos auf den Aell. elongatus beschränke, wenn anders dieselbe überhaupt haltbar ist, da mir diese zweite Art eher einer grossen Squatina anzugehören scheint. Die Gattung Aellopos zeichnet sich, wie Agassiz angibt, durch die beträchtliche Grösse ihrer zweiten Rückenflosse aus, deren Höhe an ihrer Anfügungsstelle die Breite des Körpers übertrifft und sich überdiess durch ihre dreieckige und pyramidale Form bemerklich macht; die Schwanzflosse scheint sehr langgestreckt gewesen zu seyn.

1. Aell. elongatus *Münst.*

Ag. III p. 377.

Auf einer Steinplatte von Kelheim ist ein 16 Zoll langes Fragment eines Haies, den Hinterleib desselben enthaltend, aufbewahrt, woran die Wirbelsäule, die Schwanz- und Rückenflosse, nebst einem kleinen Stück des Hinterrandes von einer untern Flosse sichtlich sind. Die Schwanzflosse ist sehr langgestreckt, doch fehlt ihr das hintere Ende.

In einer Entfernung von ungefähr 3" — genau lässt sich bei der schlechten Erhaltung der Schwanzflosse diese Dimension nicht angeben — folgt die auffallend grosse, dreiseitig pyramidale Rückenflosse, die eben so hoch als lang ist (fast 3"). Am vordern Bruchrande des Fragments sieht man noch einen kleinen Ueberrest vom Hinterrande einer untern Flosse, die ungefähr 3" vom Vorderrande der Rückenflosse absteht. Die Wirbelreihe ist zwar der ganzen Länge nach erhalten, aber sehr beschädigt; sie sind entweder halbirt oder nur durch Eindrücke angezeigt und haben alle ihre Ansätze, obere wie untere, verloren. Sie sind nicht viel höher als lang und liegen allenthalben, auch längs der Schwanzflosse, dicht gedrängt aneinander. Der ganze Hinterleib ist sehr schmächtig und langstreckig.

Mir scheint dieses Fragment von dem Hinterleibe einer Squatina und zwar der Sq. acanthoderma herzurühren, alsdann wäre die Rückenflosse als eine zweite und die untere Flosse als Bauchflosse zu erklären; die Afterflosse würde demnach ganz fehlen. Wenn auch bei dem von *Fraas* abgebildeten Schwanzstücke der Sq. acanthoderma die Rückenflosse nicht so hoch als an unserem Exemplare erscheint, so mag diess Folge der Beschädigung seyn. Im Uebrigen stimmen die Formen der Wirbel und der Flossen des Acll. elongatus mit denen der fossilen und lebenden Arten von Squatina so sehr überein, dass ich ihn nicht nur als zu dieser Gattung, sondern seiner Grösse nach als zu Sq. acanthoderma gehörig betrachte [1].

---

[1] Die Zugehörigkeit des hier in Rede stehenden Fragmentes zur Gattung Squatina würde am sichersten erwiesen werden können, wenn die Wirbel ihre verschiedenartigen Ansatzstücke conservirt hätten, die aber in diesem Falle ganz verschwunden sind. Wie *Molin* in seiner schönen Abhandlung über das Skelet der Haifische (Memorie dell' Istituto Veneto di scienco VIII. 2. 1860) gezeigt hat, lassen sich an wohlerhaltenen Haien, und insbesondere an der Squatina, die Gattun-

III. Familie.
RAJAE. ROCHEN.

Leib flach, mit ausserordentlich breiten, dem Kopfe angehefteten Brustflossen; Kiemenspalten auf der Unterseite. — Agassiz kannte aus der ganzen Juraformation nur 2 Exemplare von Rochen, auf welche er die beiden Gattungen *Asterodermus* und *Euryarthra* begründete; letztere beruht sogar nur auf einer einzelnen Brustflosse. Die erste Bereicherung dieser Familie lieferte Thiollière aus den lithographischen Schiefern Südfrankreichs und zwar mit den beiden von ihm aufgestellten Gattungen *Spathobatis* und *Belemnobatis*. Erstere ist jetzt auch in den fränkischen Schiefern aufgefunden worden; letztere bleibt in denselben noch zu entdecken. Was die fossilen Rochen, bei grosser Aehnlichkeit mit den lebenden, doch von diesen unterscheidet, beruht darauf, dass bei jenen die Strahlen der Brustflossen nicht halb so oft als bei den lebenden gegliedert sind und dass die Wirbelsäule bei allen gleich vom Anfange an in geschiedene Wirbelkörper sich abtheilt, während ihr Anfangsstück bei den lebenden Rochen auf eine längere oder kürzere Strecke als ein zusammenhängendes, ungegliedertes, oder nur auf der Bauchfläche abgetheiltes Rohr sich darstellt. Als drittes Merkmal ist zu bezeichnen, dass bei allen fossilen Rochen vor und hinter dem Bauchgürtel 10 bis 12 Paar sehr langer Rippen vorkommen, während den lebenden Rochen Rippen entweder ganz fehlen oder doch nur sehr kurz sind. Es ist daher hinreichender Grund vorhanden, für die fossilen Formen besondere Gattungen zu errichten.

VII. Asterodermus *Ag.*

Nach dem Habitus und der Grösse ähnlich der Squatina speciosa

---

gen schon nach den verschiedenen Abtheilungen der Wirbelsäule äusserst scharf von einander unterscheiden. Leider sind aber an unsern hiesigen fossilen Exemplaren von Haien die Ansatzstücke der Wirbel fast durchgängig verschwunden.

und öfters damit verwechselt, aber schon dadurch auffallend verschieden, dass die Brustflossen mit dem Kopfe verwachsen sind.

1. A. platypterus Ag.

Ag. III p. 381 tab. 44 fig. 2—6. — H. v. Meyer Jahrb. f. Mineral. 1856 S. 825; Palaeontograph. VII S. 9 tab. 1 fig. 1.

Alles was man bisher von dieser Art und Gattung wusste, beruhte auf dem einzigen Exemplare, das bei Solenhofen gefunden und für die Sammlung der geologischen Gesellschaft in London acquirirt wurde. Agassiz hat es beschrieben und abgebildet, doch konnte er keine vollständige Darstellung geben, weil diesem Stück fast der ganze Kopf fehlt. Ein zweites, weit besser erhaltenes und von H. v. Meyer abgebildetes Exemplar in einer Doppelplatte bewahrt Herr Dr. Oberndorfer auf; es wurde bei Kelheim gefunden und nach diesem füge ich folgende Bemerkungen bei.

Der äussere Habitus kommt in seiner langgestreckten Form wesentlich mit dem von Rhinobatus überein. Der Schädel liegt vollständig da und ist ganz nach dem Typus dieser Gattung geformt, d. h. mit einem sehr langgestreckten, an den Seiten etwas eingezogenen und an dem Ende etwas kolbenförmigen Schnauzentheil. Eben so ist die Stirngegend kurz, aber breit und an den Seiten stark ausgeschweift; nach vorn gehen die kolbigen Nasenfortsätze ab. Die Wirbelsäule ist schon von ihrem Anfange an gegliedert, und in ihrem hintern Theil zeigen sich 2 sehr kurze Stacheln, welche den Anfangstheil der beiden Rückenflossen, von denen man sonst nichts sieht, bezeichnen. Brust- und Bauchgürtel sind vorhanden; von den Bauchflossen liegen nur noch sehr undeutliche Spuren vor, dagegen sind beide Brustflossen, wenn auch nur im schwachen Abdrucke, aufbewahrt und geben ihre Erstreckung bis zur Schnauzenspitze mit ausreichender Sicherheit zu erkennen. — Die ganze Oberfläche ist mit isolirten kleinen, jedoch an Grösse ver-

schiedenen spitzen Körnern besetzt. An den grösseren derselben lässt
es sich mit der Loupe leicht wahrnehmen, dass von ihrer Spitze abwärts
6 bis 7 feine Strahlen verlaufen; in der Abbildung von Agassiz ist
diese Ausstrahlung nicht richtig gezeichnet. — Von den langen Rippen
in der Beckengegend, welche Agassiz an seinem Exemplare vorfand,
lässt sich an den vorliegenden nichts mehr wahrnehmen.

Länge des ganzen Skeletes	5″ 7‴
— des Kopfes	1 4½‴
Breite, geringste, der Stirngegend	0 4½‴
— zwischen den beiden Aussenrändern der Nasenfortsätze	0 10
— ,, ,, ,, ,, ,, Brustflossen	2 7
Abstand des Beckengürtels von der Schnauzenspitze .	2 8

Das von Agassiz abgebildete Exemplar ist etwas grösser als das
vorliegende. Beide gehören zu den seltensten, wie zu den zierlichsten
Formen des lithographischen Schiefers.

VIII. Spathobatis *Th.*

Thiollière fand in den lithographischen Schiefern des südlichen
Frankreichs ziemlich viele Exemplare eines Rochen, dem er den Namen
Spathobatis bugesiacus beilegte. Derselbe kommt in seinem ganzen
Habitus mit der lebenden Gattung Rhinobatus überein, unterscheidet sich
aber von dieser schon durch die vorhin bei der Familie der Rochen
überhaupt angeführten Merkmale, wodurch die fossilen Formen von den
ihnen analogen lebenden sich absondern; ausserdem findet sich noch
eine sehr erhebliche Differenz in der Form der Strahlen der Brustflossen,
wovon gleich nachher weiter die Rede seyn wird. In all diesen Stücken zeigt aber Spathobatis dasselbe Verhalten wie Asterodermus, so
dass streng genommen zwischen beiden keine generische Verschiedenheit obwaltet. Ich habe die Trennung nur nach einem Merkmale un-
tergeordneten Ranges beibehalten, indem nämlich bei Asterodermus die

Höcker der Haut zugespitzt und voneinander isolirt sind, während sie bei Spathobatis, wenigstens parthienweise, mosaikartig angereiht und abgeplattet sind, und mit den kurzen Strahlen an ihren Rändern incinander greifen. — Die letztere Gattung habe ich nunmehr auch in den lithographischen Schiefern von Solenhofen aufgefunden; ein erfreuliches Zeichen der Uebereinstimmung der Fauna dieser Formation an ihren beiden Endpunkten.

1. Sp mirabilis *Wagn.*

Wagn. in den Münchn. gel. Anzeig. XLIV (1857) S. 292.

Aus der Häberlein'schen Sammlung ist in die hiesige das einzige Exemplar, das bis jetzt von dieser Art existirt, übergegangen. Es hat sich seiner ganzen Länge nach erhalten, wenn auch mit manchen Beschädigungen der Seitentheile und des Kopfes; die senkrechten Flossen sind verschwunden, dagegen die beiden Bauchflossen und die eine Brustflosse im guten Stande vorhanden. Mit der Beschreibung kann ich mich kurz fassen, da die von Thiollière gegebene von seinem Sp. bugesiacus in allen wesentlichen Stücken zu unserem Exemplare, das ebenfalls auf der Bruchseite liegt, passt und seine Fig. 1 auf Tab. 2 als verkleinerte Abbildung desselben betrachtet werden kann, nur dass das hiesige Stück weit besser sich conservirt hat.

Das Schädeldach ist wie bei Rhinobatus sehr kurz, doch etwas länger als breit, an beiden Seiten ausgeschweift und am Hinterrande des Hinterhauptes noch stärker ausgeschnitten. Nach vorn verlängert es sich in einen langen, platten Schnabel, der in der Mitte sich etwas verschmälert, am Ende wieder erweitert und längs seiner beiden Seitenränder von einer tiefen Furche durchzogen wird. Von den Rändern, womit die Brustflossen vorn die Schnauze umsäumen, ist eine Spur vorhanden, dagegen der Zwischenraum zwischen jenen Rändern und dem Schnabel, der auch bei Rhinobatus nur häutig ist, unausgefüllt. Der ganze Schädel ist ohngefähr 10½''' lang und am Hinterhaupte 2'' 10''' breit; der Schnabel über 7'' lang und in der Mitte 1'' breit.

Die Wirbelsäule liegt nach ihrer ganzen Länge vor, hat sich auffallend gut conservirt und lässt an 176 bis 178 Wirbel zählen. Schon die ersten derselben sind vollständig ausgebildet und von einander gesondert, dabei länger als hoch. Gleich hinter dem Brustgürtel werden sie bedeutend grösser und zugleich viel höher als lang (die grössten 6''' hoch und 4''' lang); hinter dem Bauchgürtel nehmen sie sehr langsam an Höhe ab, während sie allmählig an Länge anwachsen, so dass beide Dimensionen fast gleich werden; die letzten Wirbel sind sehr klein und alle überhaupt stark ausgehöhlt. Ober- und unterhalb der Wirbelkörper sind die Bogentheile sichtbar; letzteren sind wie gewöhnlich bei den Rochen längs ihrer Mitte noch besondere getrennte unpaare Platten aufgesetzt, die oberhalb der Wirbelsäule schon gleich hinter dem Brustgürtel, unterhalb erst hinter dem Bauchgürtel nach dem Verschwinden der Rippen beginnen. Beide Reihen von Platten hören erst weit hinten und gleichzeitig miteinander auf; wie bei Rhinobatus entsprechen diese Platten an Zahl keineswegs den Wirbeln, sondern, da sie länger als letztere sind, so ist auch die Anzahl der Platten eine geringere. Bemerkenswerth sind ferner die sehr langen, sichelförmigen Rippen, die kurz vor dem Bauchgürtel ihren Anfang nehmen und noch eine Strecke weit sich fortsetzen. In wie viel Paaren sie vorhanden sind, lässt sich an unserem Exemplare nicht zählen; Thiollière gibt 10 Paare an.

Der Brustgürtel ist überaus kräftig; sein hinterer Flossenträger lang, stark und gebogen. Von den Brustflossen liegt nur die eine noch vor, aber auch dieser fehlt im Vordertheil ein ansehnliches Stück vom äussern Rande, so dass ihre Contur nicht sicher bestimmt werden kann; nach Thiollière kommt indess letztere durch ihre längliche Form mit der von Rhinobatus überein. Dagegen weicht sie in ihrer Struktur weit von den gewöhnlichen Rochen, Rhinobatus wie Raja, ab. Bei letzteren nämlich sind die Strahlen der Brustflosse sehr dünn, vielfach gegliedert (an den längsten Strahlen an zwanzigmal), und beide Gelenkenden stark angeschwollen; überdiess spalten sich auch wohl gegen den Rand hin die einzelnen Strahlen und verlaufen so gedoppelt weiter hin, ohne sich nochmals zu zertheilen. Bei unserem fossilen Exemplare dagegen ziehen sich die Strahlen der Brustflosse einfach und abgeplattet gegen den Aussenrand, indem sie allmählig an Breite zunehmen, so dass sie zuletzt ohngefähr $4\frac{1}{2}'''$ Linien breit werden; die längsten Strahlen haben eine Länge von fast $6\frac{1}{2}''$. Durch vier, mit dem Aussenrande ziemlich concordant verlaufende Querfurchen wird jeder Strahl in 5 Glieder abgetheilt, die nicht die geringste Anschwellung zeigen. Durch diese Beschaffenheit der Strahlen der Brustflossen, welche bei Spathobatis bugesiacus, Belemnobatis und, wie es scheint, auch bei Asterodermus die nämliche ist, unterscheiden sich die fossilen Rochen sehr bestimmt als besondere Gattungen von den lebenden, und nähern sich in gedachter Beziehung den Squatinen an.

Der robuste Bauchgürtel steht um $6\frac{1}{2}'''$ vom Brustgürtel ab. Die Bauchflossen, die beide aufbewahrt sind, sind weit kleiner als die Brustflossen und ihre Contur stimmt ziemlich mit der von Rhinobatus überein. Die Strahlen spitzen sich am hintern Ende zu und stehen etwas sparrig auseinander, lassen aber, da ihre Oberfläche abgerieben ist, keine Gliederung mit Sicherheit wahrnehmen.

Die ganze Länge dieses Exemplares beträgt fast $4\frac{1}{2}'$ Fuss, ist also doppelt so gross als das grösste von 10 Exemplaren, welche Thiollière von seinem Sp. bugesiacus bei Cirin auffand. Dieser enorme Grössenunterschied, der durch keine Mittelstufen ausgeglichen wird, bestimmt mich vor der Hand, in unserem fränkischen Exemplare eine besondere Art anzuerkennen.

? IX. Euryarthra *Ag.*

Es ist nur eine einzelne, sehr grosse Brustflosse von Solenhofen in einer Doppelplatte vorhanden, worauf Agassiz diese neue Gattung stützte.

1. E. Münsteri *Ag.*

Ag. III p. 382.

Agassiz gibt von dieser Brustflosse nichts weiter an, als dass sie von beträchtlicher Grösse ist mit sehr breiten, platten und aus einer geringen Anzahl sehr grosser Glieder zusammengesetzten Strahlen. Zur Zeit, wo Agassiz diese Brustflosse untersuchte, war ihm von fossilen Rochen aus unsern Schiefern weiter nichts als der kleine Asterodermus bekannt und er hatte darnach ausreichenden Grund, von letzterem sein Fragment als besondere Gattung zu trennen. Jetzt aber kommt eine dritte in dem Spathobatis hinzu und hiemit erhebt sich die Frage, ob jene Brustflosse nicht etwa von einem Individuum dieser Gattung herrühre, oder ob sie wirklich auf eine davon verschiedene, für welche der Name Euryarthra beizubehalten sei, hinweise.

Vergleiche ich diese Brustflosse, von der ein weit längeres Stück als bei unserem Spathobatis mirabilis erhalten ist, mit der des letzteren, so finde ich in der Form der Strahlen und ihrer fünffachen Gliederung durch 4 mit dem Aussenrande ziemlich concordant verlaufende Querfurchen die vollständigste Uebereinstimmung nach allen Beziehungen; als Differenzen aber nur eine etwas erheblichere Grösse dieser Brustflosse und eine mehr abgerundete Contur. Erstere Differenz ist von keiner Bedeutung und letztere ist auch so unbeträchtlich und überdiess von der Bearbeitung des Gesteines so abhängig, dass es mir am wahrscheinlichsten scheint, dass diese Euryarthra mit Spathobatis zusammen gehörig ist. Da indess eine bloss auf Fragmenten von Brustflossen beruhende Vergleichung zweier Individuen keine Sicherheit über ihre verwandtschaftlichen Verhältnisse darbieten kann, so habe ich die Gattung Euryarthra vor der Hand fragweise aufgeführt. Noch habe ich bemerklich zu machen, dass die Sammlung eine zweite Brustflosse, ebenfalls von Solenhofen, besitzt, die grösser, aber zu schlecht erhalten ist, um zur Lösung der angeregten Frage dienen zu können.

Die Brustflosse der E. Münsteri wird, wie schon erwähnt, von 4 Querfurchen durchzogen, wodurch jeder Strahl in 5 Glieder abgetheilt wird, die im vordern und breitesten Theil der Flossen folgende Länge haben: 1stes Glied 2″ 7‴, 2tes 1″ 8‴, 3tes 9‴, 4tes 6$\frac{1}{2}$‴, 5tes oder Randglied 1″ 4‴. Nach hinten wird die Flosse bedeutend schmäler. Die Oberfläche der Flosse ist durch grobe Körner rauh und runzelig gemacht.

Anhang.
Ichthyodorulites.

Von Flossenstacheln, die man zur Zeit ausser Stande ist, einer der bekannten Gattungen von Placoiden zuzuweisen, ist mir nur ein einziger, zu Asteracanthus gehörig, zu Gesicht gekommen.

X. Asteracanthus *Ag.*

Eine Gattung, deren Rückenflossen-Stachel nur in den obern jurassischen Ablagerungen und in der Kreideformation gefunden werden.

1. A. ornatissimus *Ag.*

Ag. III p. 31 tab. 8.

Es liegt nur ein einzelnes, abermals in zwei Stücke gebrochenes Fragment vor, das bei Kelheim gefunden wurde und in der Sammlung des Herrn Dr. *Oberndorfer* aufbewahrt ist[1]. Nach der Angabe des Finders rührt es aus dem lithographischen Schiefer her; aber selbst wenn es dem Diceraskalke entstammen sollte, würde es ein interessantes Stück bleiben, indem es das einzige Exemplar ist, das bisher aus der bayerischen Jura-Formation bekannt wurde. Nach seinen Formverhältnissen und seiner Stärke stimmt dieses Fragment mit A. ornatissimus überein und zwar gehört es, obwohl die Spitze abgebrochen, dem obern Ende an, indem am Hintertheil des Stachels die im untern Verlaufe desselben doppelte Reihe von Zacken bereits in eine einfache, auf einem stark vorspringenden Längskiele aufsitzende Reihe zusammen geschmolzen ist. Als hauptsächlichste Differenz von A. ornatissimus könnte man geltend machen, dass die mehr länglichen als runden Warzen glatt erscheinen; indess eine genauere Besichtigung unter der Loupe lässt deutlich erkennen, dass an mehreren Warzen von ihrer Spitze strahlenartig feine Streifen abwärts verlaufen, in ähnlicher Weise, wie sie *Dunker* (Palaeontolog. I S. 188 tab. 26) von seinem *A. Preussi* dargestellt hat. Die Abglättung der Warzen scheint also nur Folge einer starken Abreibung derselben zu seyn. Demnach schliesse ich vorliegendes Fragment an A. ornatissimus an, von welchem mir der A. Preussi nicht wesentlich verschieden zu seyn scheint.

---

1) Wie *Quenstedt* (Jura S. 783) bemerklich macht, sind auch in den Oolithen von Schnaitheim ausgezeichnete Flossenstachel gefunden worden, die, so viel ihm im Gedächtniss sei, mit A. ornatissimus stimmen.

Zweite Ordnung.
Ganoidei. Hohlwirbler.

Das wesentliche Merkmal für seine Ordnung der Ganoiden begründet *Agassiz* auf die Schuppen, von denen er aussagt, dass sie aus zwei sehr verschiedenen Substanzen zusammen gesetzt sind, nämlich aus übereinander geschichteten Knochenplatten, wie bei den gewöhnlichen Fischen und aus einer äussern Schmelzlage. Ihre vorherrschende Form bezeichnet er als eckig und rhomboidal, doch mit manchen Abänderungen; die Wirbelsäule entweder vollständig oder nur unvollständig verknöchert. Von lebenden Fischen rechnete er zu dieser Ordnung Lepidosteus und Polypterus. Im lithographischen Schiefer zählte er zu ihnen alle Fische, die nicht an die Plakoiden zu verweisen waren.

Dieses von den Schuppen hergenommene Merkmal war vollkommen ausreichend, um die Ganoiden von den andern Ordnungen der Fische scharf zu unterscheiden. Allein dasselbe hat auf einmal seine ganze Bedeutung verloren durch die Entdeckung meines verehrten Collegen, des Herrn Professors *Kölliker*, der mir brieflich mittheilte, dass eine Ganoinlage sich bei allen Fischen, ohne Ausnahme, findet und dass die Ansicht, als ob eine solche Schicht die Ganoiden charakterisire, nicht stichhaltig ist. Hiemit ist also das Unterscheidungskennzeichen zwischen Ganoiden und Knochenfischen unhaltbar geworden und ein anderes aufzusuchen.

Zunächst werden wir hiemit auf die Charakteristik, welche *Johannes Müller* von dieser Ordnung gab, hingewiesen. Wenn wir, sagt derselbe, diejenigen Charaktere, welche niemals fehlen und absolut sind, in eine Definition zusammenfassen, so sind die Ganoiden kurz, „die Fische mit vielfachen Klappen des Arterienstiels, Muskelbeleg desselben, ohne

Kreuzung der Sehnerven, mit freien Kiemen und Kiemendeckel und mit abdominalen Bauchflossen." Diese Merkmale sind allerdings vollkommen befriedigend, um den lebenden Fischen dieser Kategorie ihre richtige Stellung anzuweisen, aber gerade die wichtigsten dieser, von den Weichtheilen hergenommenen Kennzeichen sind uns bei den fossilen Fischen für immer verloren gegangen, und wenn es nicht auf andere Weise gelingen sollte, ein Merkmal von standhafter und allgemein durchgreifender Uebereinstimmung zwischen den fossilen und den zu ihnen gezählten lebenden Ganoiden nachzuweisen, so sehe ich nicht ein, wie man ihre Zusammenfassung noch fernerhin bestehen lassen kann. Indess da ich mich an diesem Orte nicht mit einer Systematik der Klasse der Fische überhaupt, sondern nur mit einer Lokalfauna derselben, und zwar mit einer urweltlichen, zu befassen habe, so genügt es, andere Merkmale zu ermitteln, durch welche gleichwohl die fossilen Ganoiden von den ältesten Zeiten an bis zum Schlusse der Juraperiode, von den Knochenfischen, fossilen wie lebenden, unterschieden werden können. Das Hauptmerkmal liegt aber in der Beschaffenheit der Wirbelsäule.

Heckel[1] hat zuerst das grosse Verdienst sich erworben, die erheblichen Verschiedenheiten in der Ausbildung der Wirbelsäule der fossilen Ganoiden (im Sinne von Agassiz) klar und scharf auseinander gesetzt zu haben. Er hat nämlich gezeigt, dass bei einem grossen Theile derselben die Rückensaite (chorda dorsalis), welche als ein weicher ungegliederter Strang bei allen Wirbelthieren der Ausbildung der Wirbelsäule vorausgeht, für die ganze Lebenszeit in diesem Zustande verharrt, ohne jemals zur Sonderung in geschiedene Wirbelkörper zu gelangen, bei diesem Stillstehen jedoch drei verschiedene Abstufungen darbietet.

An der Wirbelsäule derjenigen Ganoiden, bei welchen die Rücken-

---

1) Sitzungsberichte der Wien. Akadem. 1850. Juliheft.

saite für das ganze Leben als weicher, ungegliederter Strang verharrt, zeigen sich nämlich 3 verschiedene Abstufungen in der Tendenz zur Verknöcherung. Bei den einen (Undina, Coelacanthus, Palaeoniscus, Platysomus) beschränkt sich die Ossification bloss auf die Dornfortsätze, welche unmittelbar mit einer Gabel, oben wie unten, auf der nackten Rückensaite aufsitzen. Bei andern Ganoiden (den Pycnodonten, Caturus, Eugnathus u. s. w.) sitzen die Dornfortsätze nicht direkt der ebenfalls nackten Rückensaite auf, sondern sie ruhen auf kleinen, hohlziegelartig gebogenen Knochenschildern, die in fortlaufender Reihe, aber voneinander gesondert, die Ober- wie die Unterseite der Rückensaite bedecken, jedoch deren Seitentheile frei lassen. Als ersten Anfang zur Entwicklung der Wirbelbildung bezeichnete Heckel diese Deckschilder mit dem Namen der *Halbwirbel*. Endlich bei noch andern Ganoiden (Lepidotus, Pholidophorus und mehreren fälschlich zu Sauropsis gezählten Arten aus dem Lias) dehnen sich die obern und untern Halbwirbel in der senkrechten Richtung so aus, dass sie miteinander zusammen stossen und zwar in der Weise, dass der untere Halbwirbel über dem ihm entsprechenden obern etwas hinüber greift. Diess sind die sog. *ringförmigen Halbwirbel*, wie sie Heckel benannte, welche die nackte Rückensaite mit dünnen, knöchernen Ringen umgürten, die gewöhnlich aus einer obern und untern Hälfte zusammengesetzt sind, bisweilen aber auch aus einem einzigen ununterbrochenen Stück bestehen. Von ächten Wirbeln kann man sie sogleich dadurch unterscheiden, dass sie nicht solid, sondern innen hohl sind; man kann sie daher auch als *Hohlwirbel* bezeichnen. Auf ihrer Aussenfläche sind sie nicht, wie vollständige Wirbel, grubig ausgehöhlt, sondern glatt. — Von der Entwicklung solcher Hohlwirbel zu vollständigen Wirbelkörpern ist nur noch ein Schritt und dieser ist bei mehreren Gattungen des lithographischen Schiefers in der That erfolgt; diese aber rechne ich sämmtlich, obwohl Heckel noch mehrere bei den Ganoiden belässt, nicht zu diesen, sondern zu den Knochenfischen.

Dem Vorstehenden gemäss betrachte ich als Ganoiden bloss diejenigen fossilen Fische, bei welchen zwar die Dornfortsätze der Wirbelsäule, nicht aber die Wirbelkörper selbst, vollständig verknöchert sind, so dass der centrale Theil der Wirbelsäule als weiche Rückensaite (chorda dorsalis) für immer im foetalen Zustande verblieben ist. — Als minder constante Merkmale sind noch folgende zuzufügen: Schuppen meist mit starkem Schmelzbeleg und rhombisch, doch auch mitunter kreisförmig; Flossen fast durchgängig mehr oder minder mit Schindeln, öfters in doppelter Reihe, besetzt. Der Namen *Hohlwirbler*, *Chordoidei* (mit Hinweisung auf die weiche chorda dorsalis) würde für diese Ordnung geeigneter seyn, als der von Ganoiden, da unter letzterer Benennung auch Fische mit inbegriffen sind, deren Zugehörigkeit zur Zeit noch zu beanstanden ist[1].

Auf die eben besprochene Verschiedenheit in der Ausbildung der Wirbelsäule habe ich jetzt bei der Systematik grosses Gewicht gelegt und dadurch viele Aenderungen in der bisher gültigen vornehmen müsse. Dem Scharfblicke von *Agassiz* war es freilich nicht entgangen, dass während bei den Ganoiden die Dornfortsätze oft vollständig erhalten sind, dagegen von Wirbelkörpern keine Spur vorhanden ist. Bei Palaeoniscus[2] hatte er sogar schon nachgewiesen, dass die von der ganzen Wirbelsäule allein übrigen Dornfortsätze nicht abgebrochen, sondern mit ihren untern Gabelenden vollständig erhalten, also ursprünglich trennbar von der Wirbelsäule sind. Auf diese Trennbarkeit der Dornfortsätze machte er auch bei Thrissops und Caturus aufmerksam und schrieb

---

1) Zur vollständigen Entscheidung werden wir über diesen strittigen Punkt erst gelangen, wenn Herr Professor *Kölliker* seine umfassenden mikroskopischen Untersuchungen der Schuppen, Knochen und Zähne fossiler Fische publicirt haben wird.

2) Rech. II. p. 83.

derselben die Leichtigkeit der Isolirung gedachter Fortsätze zu, während er gleichwohl das gänzliche Verschwinden der Wirbel bei so vielen Exemplaren doch auch für etwas Zufälliges erklärte[1]. Dass Agassiz nicht zur völlig befriedigenden Lösung des Räthsels gelangte, liegt wohl nur in dem Umstande, dass er bei seinen ersten Studien über die fossilen Fische lediglich auf unsere ältere akademische Sammlung beschränkt war, die damals nicht ausreichend genug Exemplare enthielt, um hierüber ins Reine zu kommen. Erst der Zugang der Münster'schen Sammlung und einiger von mir angekaufter Exemplare konnte Heckel, der bereits auf die eigenthümliche Bildung der Wirbelsäule bei den Pycnodonten der Tertiärzeit aufmerksam geworden war, in den Stand setzen, in der hiesigen Sammlung die ganze Entwicklungsreihe in der Ausbildung der Wirbelsäule der Ganoiden nachzuweisen.

Nächst der Beschaffenheit der Wirbelsäule habe ich zum Behufe der systematischen Eintheilung unserer Fische auf die Verschiedenheit der Schuppenformen ein Hauptgewicht gelegt. Man hat nämlich 2 Hauptformen zu unterscheiden: 1) die *Rautenschuppen* von derber Substanz, rhomboidischer Form, starkem Schmelzbelege und fester Aneinanderfügung vermittelst eines zahnförmigen Fortsatzes und einer demselben entsprechenden Ausfurchung auf der Unterseite jeder einzelnen Schuppe;

---

[1] In der später als der Text geschriebenen Vorrede zur ersten Abtheilung des zweiten Bandes der Recherches hatte er es aber auf S. XI bereits ausgesprochen, dass es bei der Mehrzahl seiner Lepidoiden, Coelacanthen und Pycnodonten gar keine verknöcherten Wirbelkörper gibt, sondern dass bei diesen Fischen die Rückensaite sich für das ganze Leben zu erhalten scheine. Dagegen seinen Sauroiden schrieb er auch da noch ein vollkommenes Knochenskelet zu, was er jedoch später selbst dahin berichtigte, dass auch bei den meisten seiner Sauroiden, statt der Wirbel, nur eine Rückensaite vorkommt, die bei ihrer geringen Consistenz ganz verschwunden sei (a. a. O. II b. p. 69; III p. 361). — Sehr wichtige Bemerkungen in dieser Beziehung hat auch *Johannes Müller* mitgetheilt.

2) die *Kreis-* oder *Scheibenschuppen* von dünner Substanz, mit kreis- oder scheibenförmigem Hinterrande, schwachem Schmelzbelege und ohne gegenseitige Ineinanderfügung, indem sie nur dachziegelartig übereinander liegen. Darnach theilen sich unsere Hohlwirbler in *Rautenschupper* (*Ganoidei rhombiferi*) und *Scheibenschupper* (*G. disciferi*).

Zum Unterschiede von den fossilen Fischen der älteren Perioden, die mit wenig Ausnahmen den heterocerken zuständig sind, gehören dagegen alle jüngeren fossilen Fische vom Lias an, also auch alle aus den lithographischen Schiefern, zu den homocerken. Als einzige Ausnahme führt Agassiz die Gattung *Coccolepis* an, der er, obschon aus letzteren herstammend, eine ungleichlappige Schwanzflosse zuschreibt. Indess ist diese Angabe nicht von letzterer selbst, sondern nur von dem Schwanzende der Wirbelsäule entnommen; es hat sich jedoch jetzt herausgestellt, dass fast bei allen *äusserlich* homocerken Fischen eine *innere*, das Schwanzende der Wirbelsäule betreffende Heterocerkie stattfindet[1]. Coccolepis macht also von der allgemeinen Regel keine Ausnahme.

Die grosse Ordnung der Hohlwirbler, insoweit diese im lithographischen Schiefer abgelagert sind, theilen wir zunächst in 2 Unterordnungen: *Rautenschupper* und *Scheibenschupper*, deren jede 4 Familien enthält.

---

[1] Die genaueren Aufschlüsse über diesen Punkt gaben *Johannes Müller*, *Heckel*, *Huxley*, vor Allen aber *Kölliker* in seiner ausgezeichneten Abhandlung: „Über das Ende der Wirbelsäule der Ganoiden und einiger Teleostier." Lpz. 1860. Mit Recht macht er hiebei aufmerksam, dass die Heterocerkie an und für sich keinen niedrigeren Typus eines Fisches als die Homocerkie anzeige. Ueberdiess hat *van Beneden* (Bull. de l'Acad. de Belg. 2. sér. XI. N. 3) die wichtige Entdeckung gemacht, dass bei Embryonen von Haien die Schwanzflosse äusserlich und innerlich vollkommen symmetrisch ist.

A. G. rhombiferi. Rautenschupper.

Schuppen derb, rautenförmig, mit starkem Schmelzbeleg und fester Aneinanderfügung vermittelst zahnförmiger Fortsätze und entsprechenden Ausfurchungen auf der Unterfläche. — Die Rautenschupper, auf welche der für die Ganoiden überhaupt hie und da übliche Name der Eckschupper allein zu beschränken ist, bilden die typische Gruppe der Hohlwirbler, und kommen nach ihrer Beschuppung mit den beiden lebenden Gattungen Lepidosteus und Polypterus überein. Im Gegensatze zu der starken Verfestigung der Schuppen hat es die Wirbelsäule bei keiner Gattung zur Ausbildung vollständiger Wirbelkörper gebracht, denn selbst bei Aspidorhynchus und Strobilodus, wo anscheinend solches stattfindet, ist doch der ganze innere Raum hohl und die Aussenfläche ohne die charakteristischen Gruben der ächten Wirbel. Auch bei Ophlopsis, von der mir die Wirbelsäule nur aus kleinen Strecken bekannt ist, dürfte nach Analogie auf ein gleiches Verhalten geschlossen werden; von Heterostrophus und Scrobodus ist sie noch unbekannt. Bei allen andern Gattungen bringt es die Rückensaite nur zur Entwicklung von getrennten Halbwirbeln, oder zu halbirten oder ganzen ringförmigen Hohlwirbeln. Die 4 Familien der Hohlwirbler sind die *Reiffische*, *Griffelzähner*, *Scheibenzähner* und *Sauroiden*.

1. Familie.
PYCNODONTES. REIFFISCHE.

Leibesform flach, rhombisch, oder doch bauchig oval, Rumpf mit eigenthümlichen Leisten oder Reifen umgeben; Rücken- und Afterflosse sehr lang, bis zur Schwanzflosse reichend; am Vorderrand des Unterkiefers ein eigenthümlicher, die untern Vorderzähne tragender Vorkiefer; die Zähne des Zwischen- und Vorkiefers andersartig als die übrigen; letztere lauter rundliche oder elliptische verflachte Mahlzähne, in 3 bis

6 Längsreihen gestellt; keine Schindeln (fulcra); Rückensaite weich und ungegliedert.

Seit der Publikation meiner Monographie der Pycnodonten (Reissfische) des lithographischen Schiefers [1] sind zwei sehr wichtige neuere Arbeiten erschienen, nämlich 1) Description des poissons fossiles du Bugey par *V. Thiollière* 1. livr. 1854, in welcher die Pycnodonten aus dem südfranzösischen lithographischen Schiefer behandelt sind, und 2) *Heckel's* Abhandlung über die Pycnodonten[2], welche für die Osteologie wie für die Systematik von grosser Bedeutsamkeit ist. Sowohl durch diese Arbeiten als durch den ansehnlichen Zuwachs an neuen Exemplaren sehe ich mich genöthigt, eine Berichtigung meiner früheren Deutung der Knochen der *Mundhöhle* vorzunehmen.

Was ich nämlich früher für Oberkiefer nahm, ist der knöcherne Gaumen, der aus der Verschmelzung der Gaumenbeine zu einem Stücke mit dem Vomer besteht und 5 Längsreihen von Zähnen trägt. Die wirklichen Oberkiefer stellen zwei seitliche dünne Platten dar, die gar keine Zähne tragen und sich leicht ablösen; sie zeigen sich sehr deutlich auf meiner Abbildung des Gyrodus circularis, wo sie, aus ihrer natürlichen Lage gerückt, vor der Schnauzenspitze liegen. Ueber den Zwischen- und Unterkiefer ist schon früher von mir das Gehörige beigebracht worden; dagegen haben Thiollière und noch bestimmter Heckel zuerst darauf hingewiesen, dass die untern Vorderzähne nicht unmittelbar dem Unterkiefer selbst ansitzen, sondern dass sie vermittelst zweier besonderer, von einander getrennter, verlängerter und beweglicher Knochenstiele mit demselben verbunden sind, und zwar so, dass jeder Stiel in eine rinnenförmige Aushöhlung seines Unterkiefer-Astes eingeschoben

---

1) Abhandl. der bayr. Akadem. II. Klasse. VI. 1. (1850) S. 1.
2) Beiträge zur Kenntniss der foss. Fische Oesterreichs in den Denkschriften der Wiener Akademie. Bd. XI: Die Pycnodonten. Wien 1856.

ist. Heckel gab diesem, dem Zwischenkiefer entsprechenden Kieferstücke den Namen des *Vorkiefers;* eine ähnliche Bildung ist bisher bei keinem andern Fische beobachtet worden.

Das *Gebiss* der Reiffische ist von zweierlei Beschaffenheit. Die in 2 Paare gestellten Zähne des Zwischenkiefers und Vorkiefers sind entweder eckzahn- oder meiselartig; die hinter ihnen liegenden des Gaumens und der Unterkinnlade sind rundliche oder elliptische Mahlzähne. Auf dem Gaumen sitzen 5 Längsreihen von Zähnen, die nach hinten grösser werden; die Mittelreihe enthält die grössten Zähne. In jedem Unterkieferaste finden sich 3 bis 6 Längsreihen von Mahlzähnen, wobei bemerklich zu machen ist, dass die Reiffische des lithographischen Schiefers in der Regel mit 4 Reihen versehen sind. Diese 4 Reihen liegen auf zwei schief gegen einander geneigten und daher nachenförmig ausgehöhlten Flächen und zwar so, dass die beiden innersten Zahnreihen aneinander stossen; die äussere und dritte Reihe enthält die grössten Zähne, die zweite und innerste die kleinsten. Bei geschlossenem Munde senkt sich der etwas gewölbte Gaumen in die nachenförmige Aushöhlung des Unterkiefers herab.

Eine Eigenthümlichkeit, welche die Pycnodonten von allen andern Fischen — mit einziger Ausnahme der beiden Gattungen Platysomus und Pleurolepis — unterscheidet, sind die Leisten oder *Reife,* welche den Rumpf, sei es in seiner ganzen Länge oder nur in seiner Vorderhälfte, von der Rückenfirste bis gegen den Bauchkiel in einem flachen Bogen, dessen Concavität nach vorn gerichtet ist, durchziehen. Ich habe zuerst nachgewiesen, dass diese Reife nicht dem innern Skelete angehören, sondern der Schuppenbedeckung, indem sie nämlich zum Ansatze der Schuppen dienen oder vielmehr aus der Ineinanderfügung der vordern verdickten Ränder der Schuppen hervorgehen und dadurch gegliedert werden. Wegen ihrer Zugehörigkeit zur Hautbildung hat Heckel diese Reife als *Hautrippen* bezeichnet. Auch vom Bauchkiele gehen sogenannte Kielrippen aus, die bald kürzer, bald länger sind. Die Verschiedenartigkeit der Formen dieser Hautrippen, insbesondere bei den tertiären Gattungen, hat Heckel sehr ausführlich erörtert, worauf hier sowie auf das anderweitige osteologische Detail, der Kürze wegen, verwiesen wird. Die Schuppen sind mit Schmelz bedeckt, rhomboidal und artikuliren mit einander dadurch, dass die Vorderleiste einer jeden Schuppe unten einen langen, spitzen Zacken herabschickt, der an das zu diesem Behufe schief ausgeschweifte obere Ende der Vorderleiste der nächst untern Schuppe sich fest anlegt. Die Schuppenbedeckung reicht nur so weit als die Reife sich erstrecken.

Von den *Flossen* sind Schwanz-, After- und Rückenflosse am stärksten entwickelt und beide letztere stehen sich einander gegenüber; die Brustflossen sind mittelmässig, die Bauchflossen sehr klein und gewöhnlich weggebrochen. Ein Besatz von Schindeln fehlt allen Flossen.

Die Beschaffenheit der *Wirbelsäule* hat zuerst Heckel genau erörtert. Knöcherne Wirbel fehlen ganz; die Rückensaite war für immer im weichen ungegliederten Zustande geblieben. Blos den Anfang derselben hinter dem Schädel umgibt eine kurze knöcherne Röhre, hinter welcher zwei Reihen Knochenschilder (Halbwirbel) folgen, von denen die eine der obern Hälfte der Rückensaite, die andere der untern Hälfte derselben ansitzt. Aus dem Rücken dieser Schilder entspringen die knöchernen Dornfortsätze und auch noch besondere horizontale Dornen, welche die Stelle von Gelenkfortsätzen einnehmen. Dabei zeigt sich nun je nach dem Alter der Gebirgsformationen, worin diese Fische abgelagert sind, eine doppelte Verschiedenheit. Bei allen Reiffischen nämlich aus dem Jura und der Kreide lassen die Halbwirbel die Seiten der Chorda dorsalis ganz frei, so dass an deren Stelle ein nackter glatter Längsstreif sichtlich bleibt; ferner sind sie nur mit einfachen Gelenkfortsätzen versehen. Bei allen tertiären Reiffischen dagegen greifen die obern und untern Halbwirbel an den Seiten der Chorda abwechselnd in einander oder stossen zusammen und die Gelenkfortsätze stehen zu 2 bis 7 beisammen und erscheinen dadurch kammförmig.

In der angegebenen Weise lassen sich demnach die Reiffische des lithographischen Schiefers scharf von denen des Tertiärgebirges scheiden und beide Formationen haben keine Gattung mit einander gemein. Für die Pycnodonten des lithographischen Schiefers, mit denen wir uns hier allein zu befassen haben, nehmen wir 4 Gattungen an: *Gyrodus, Mesturus, Microdon* und *Mesodon*. Man hat sonst auch noch die beiden Gattungen Sphaerodus und Scrobodus hier angeschlossen, allein erstere ist ganz einzuziehen, weil sie nur auf Zähnen von Lepidotus oder Plesiodus beruht, und letztere ist zwar selbstständig, muss aber an eben genannte Gattung angereiht werden. Die vier Gattungen ächter Reiffische aus dem lithographischen Schiefer lassen sich in 2 Gruppen abtheilen:

†) Reife den ganzen Rumpf einnehmend, Vorderzähne kegelförmig.

I. *Gyrodus*, Schwanzflosse tief gabelig gespalten.

II. *Mesturus*, Schwanzflosse ausgefüllt.

††) Reife nur den Vorderrumpf einnehmend, Vorderzähne meiselförmig.

III. *Microdon*, Schwanzflosse seicht ausgeschnitten, Rücken- und Afterflosse hinterwärts sehr schmal.

IV. *Mesodon*, Schwanzflosse ausgefüllt fächerförmig, Rücken- und Afterflosse durchgängig sehr hoch.

Was die stratigraphische Verbreitung der Pycnodonten anbelangt, so treten sie zum Erstenmale mit einer einzigen Art, Microdon (richtiger Mesodon) liassicus Eg. im englischen Lias auf, stellen sich zahlreich im weissen Jura (hauptsächlich im lithographischen Schiefer) und in der Kreideformation ein und erscheinen zum Letztenmale im Tertiärgebirge.

I. Gyrodus *Ag.*

Mahlzähne rundlich, auf der Oberfläche mit einem gefurchten Graben und Walle umgeben, aus dessen Mitte eine Warze vorragt; Kopf abgestutzt; Rücken- und Afterflosse anfangs hoch, dann sich schnell erniedrigend und als schmaler Saum vor der Schwanzflosse auslaufend, letztere tief gespalten.

Der ganze Rumpf ist beschuppt und die Schuppen sind auf ihrer Oberfläche maschenartig gerunzelt und gekörnt, doch werden diese Skulpturen öfters durch Abblättern der obern Lagen oder durch Abreibung mehr oder minder verwischt. Die Kopfplatten, so lange sie unbeschädigt sind, sind zahlreich mit Körnern besetzt. Die Kielrippen sind sehr kurz. — Diese Gattung ist unter den Reiffischen des lithographischen Schiefers die häufigste und nicht bloss in den fränkischen, sondern auch in den schwäbischen und südfranzösischen Schichten verbreitet; aus letzteren ist freilich bisher nur ein einziges Exemplar bekannt geworden, das Thiollière in Verbindung mit G. macrophthalmus Ag. brachte. Agassiz zählte 11 Arten von Gyrodus aus unsern Schiefern auf, wovon jedoch 2, als der Gattung Mesodon zuständig, ausgeschieden werden müssen. Dagegen gehören von seinen 5 Arten von Microdon 4 nicht zu dieser Gattung, sondern zu Gyrodus, wodurch also die Zahl der Arten von letzterem auf 13 gebracht würde. Allein auch hievon sind wieder 2 zu streichen, denn die beiden Species, welche Agassiz als analis und platusus sowohl bei Gyrodus als Microdon aufführt, sind nur aus Versehen doppelt aufgezählt und gehören ausschliesslich zu Gyrodus. Demnach würden für letztere Gattung noch 11 Arten übrig bleiben, denen ich schon in meiner früheren Monographie eine genauere Prüfung gewidmet habe. Indem ich auf diese Arbeit hinweise, kann ich mich hier begnügen, die feststehenden Arten kurz zu charakterisiren und werde nur da länger verweilen, wo das mir seitdem reichlich zugeströmte neue Material Veranlassung zu weiteren Bemerkungen gibt. Im Ganzen zähle ich jetzt für die Gattung Gyrodus nur noch 6 Arten auf, wobei ich jedoch bemerklich machen muss, dass bei der grossen Aehnlichkeit aller dieser Fische sowohl in ihren Conturen als in ihrer Beschuppung es zur Zeit noch nicht gelungen ist, alle Arten durch scharfe Sonderung fest zu begründen.

1. G. titanius *Wagn.*

Mit diesem Namen bezeichne ich alle die grossen Exemplare von Gyrodus, die mit Inbegriff der Schwanzflosse eine Länge von 2 bis 3 Fuss erreichen. Solcher Exemplare besitzen wir dahier 4, die als ziemlich vollständig bezeichnet werden können, ausserdem noch 2, die das hintere Ende verloren haben und verschiedene geringere Fragmente. Gemeinsame Merkmale für diejenigen Individuen, die ihren Körperumriss gut conservirt haben, sind die, dass die Höhe des Rumpfes zu der Körperlänge (von der Schnauzenspitze bis zum Anfang der Schwanzflosse) sich fast wie 2 zu 3 verhält und dass die Rückenlinie von der Rückenflosse an vorwärts fast horizontal verläuft, bis sie dann gegen das Profil des Hinterkopfes steil abstürzt. Ausserdem ist noch hervorzuheben, dass die Schädelplatten zahlreich mit Körnern und die sämmtlichen Schuppen mit maschenartigen Runzeln wie mit feineren Körnern besetzt sind. Zu dieser Art rechne ich zunächst die 4 Arten, welche Agassiz als solche unterschieden hat, nämlich *G. circularis rhomboidalis, punctatissimus* und *multidens*, von denen ich mich schlechterdings ausser Stande sehe, specifische Verschiedenheiten zu ermitteln. Hiemit soll keineswegs behauptet werden, dass solche nicht etwa existiren könnten, aber die mir vorliegenden Exemplare sind nicht angethan, um an ihnen specifische Differenzen nachzuweisen und desshalb vereinige ich sie vor der Hand mit einander. Da ich diese Formen früherhin ausführlich beschrieben habe, so kann ich mich hier in der Kürze fassen.

a. G. circularis Ag.

Ag. II b S. 236. 300. — *Wagn.* Münchn. Abh. VI S. 10 tab. 1.

Das Exemplar von Solenhofen, auf welches Agassiz den G. circularis begründete, kann, obwohl es eines der kleineren ist, doch, insofern es das vollständigste ist, als Typus des G. titanius betrachtet werden. Seine Länge von der Schnauzenspitze bis zum Anfang der Schwanzflosse beträgt 17″, die Rumpfhöhe 11″.

Ausserdem hat Agassiz noch ein Fragment des Schuppenpanzers von Eichstädt zu seinem G. circularis gezählt.

Mit diesem habe ich schon früher ein anderes grösseres Exemplar, das sich im Besitz des Herrn Hofraths Dr. *Fischer* dahier befindet und ebenfalls von Solenhofen stammt, in Verbindung gebracht. Seine Länge ist fast 2′ und die Rumpfhöhe 16½″. — Seitdem hat uns die Häberlein'sche und die h. Leuchtenberg'sche Sammlung noch 2 grosse Exemplare, beide von Solenhofen, zugeführt, von denen das erstere fast 2′ lang und 15″ 6‴ hoch ist, das letztere beinahe gleiche Grösse hat. Beide weiss ich nicht von G. circularis zu scheiden, so wenig als zwei andere grosse Exemplare, deren Hintertheil abgebrochen ist.

b. G. rhomboidalis Ag.

Ag. II b. S. 236, 300. — *Wagn.* a. a. O. S. 19 tab. 1 fig. 2.

Nach einem hiesigen Exemplare von Solenhofen hat Agassiz diese Art aufgestellt; ihre Länge beträgt 19½‴, die Rumpfhöhe 12″. Zwei Panzer-Fragmente von Dailing hat er gleichfalls an sie verwiesen. Als Unterschied von G. circularis gibt er nichts weiter an, als dass bei letzterem die Runzeln auf den Schuppen minder zahlreich und minder vorspringend sind. Dieses Merkmal ist zwar begründet, allein es ist doch nur ein zufälliges, indem es davon herrührt, dass die Schuppen bei G. rhomboidalis besser erhalten sind als bei G. circularis. Auch die erheblichere Grösse der Zähne des ersteren wird wohl in Verbindung mit seiner überhaupt grösseren Gestalt gebracht werden dürfen.

c. *G. punctatissimus Ag.*

Ag. II b. S. 236, 300. — *Wagn.* S. 27.

Ist nur ein Abdruck eines grossen Panzerfragmentes auf dem Gesteine, wo der Kiemendeckel und Schultergürtel mit zahlreichen gröberen, die Schuppen mit feineren Löchern besetzt sind. Die Punktation der Kopftheile rührt ohne allen Zweifel von dem zahlreichen Besatz der Schädelknochen mit Körnern her, und die der Schuppen weist ebenfalls darauf hin, dass deren Maschennetz häufiger als gewöhnlich mit Körnern versehen war, welche letztere allein ihre Eindrücke auf dem Gesteine hinterliessen. Von Kelheim.

d. *G. multidens Münst.*

Münst. im Jahrb. f. Min. 1836 S. 581. — *Wagn.* S. 23 tab. 1 fig. 3, 4.

Diese Art ist lediglich auf ein Unterkieferfragment von Pointen in der Oberpfalz begründet und besteht aus der hintern Hälfte des Kiefers mit dem aufsteigenden Aste, wozu noch das entsprechende Stück der Gaumenplatte gehört. Beide Theile sind ganz aus dem Gesteine ausgelöst und daher von allen Seiten sichtlich. Dass diese Fragmente von einem sehr grossen Exemplare herrühren, gibt ihre ansehnliche Grösse zu erkennen. Sowohl der Unterkiefer als die Vomeralplatte sind von beiden Seiten gewaltsam zusammen gedrückt, was besonders von letzterer gilt, auf der jetzt nur noch 4 Längsreihen, dicht gedrängt und verschoben, sichtlich sind, während die mittlere Reihe abgesprengt und von ihr nur noch hinten der eine grosse Zahn übrig geblieben ist. Das Gebiss dieses Schnauzenstückes erscheint allerdings auf den ersten Anblick sehr verschieden von dem des G. circularis, allein diese Differenz könnte, wie ich jetzt nach genauerer Kenntniss des Zahnsystemes der

Gattung Gyrodus überzeugt bin, doch wohl nur davon herrühren, dass am G. circularis die Zähne noch wohlgeordnet und wenig abgerieben sind, während sie bei G. multidens, einem älteren und grösseren Individuum, nicht bloss durch einander geschoben und theilweise abgesprengt sind, sondern auch durch beträchtliche Abnützung in ihren Formen stark alterirt wurden. Immerhin könnte demnach G. multidens noch mit den andern grossen Formen zusammen gehören, obwohl er am ersten Anspruch auf Absonderung von ihnen hätte.

Noch ist uns neuerdings mit der Häberlein'schen Sammlung eine isolirte Gaumenplatte zugekommen mit ihren 5 wohlerhaltenen Längereihen von Zähnen. Vorn ist sie abgebrochen, hinten aber scheint sie vollständig zu seyn; ihre Länge beträgt $2\frac{1}{3}$ Zoll. Die mittlere Reihe enthält noch 10 Zähne; in der äussersten Reihe lassen sich noch 16 zählen. Aehnliche Gaumenplatten kommen nicht selten bei Schnaitheim und Wippingen vor, unter denen eine der grössten die ist, welche Graf *Mandelslohe* in den würtemberg. Jahresheften I tab. 1 fig. 2 abbilden liess. Sie stammen alle von grossen Thieren her; indess sind diese isolirten Gaumenplatten nicht ausreichend, um daran die Species zu erkennen.

Zu unseren G. titanius gehört nun wohl auch das bei Nusplingen gefundene grosse Exemplar, dessen *Quenstedt*[1] und *Fraas*[2] gedenken und die ganze Länge zu 2′ 2″ und die Höhe zu 1′ 3″ angeben. Gebiss und Dimensionsverhältnisse stimmen wenigstens mit unsern Exemplaren.

2. G. hexagonus Blainv.

Stromateus hexagonus. Blainv. verstein. Fische v. Krüger S. 42, 73. — *Microdon hexagonus. Ag.* II b p. 206 tab. 69ᶜ fig. 4, 5. —

---

1) Der Jura S. 809.
2) Würtemb. Jahreshefte. XI S. 99.

Gyrodus hexagonus. Wagn. Münchn. Abh. VI S. 40 tab. 3 fg. 1). —
G. rugosus. Quenst. Petrefaktenk. S. 211 tab. 16 fig. 1. — *Microdon
analis. Ag.* p. 207 tab. 69ᵃ fig. 3. — *Gyrodus analis. Ag.* p. 300. —
G. lepturus. Wagn. a. a. O. S. 30.

Die gewöhnlichste Art, die zahlreich bei Solenhofen gefunden wird, obwohl gut erhaltene Exemplare immerhin nicht häufig sind. Theils durch Defekte, theils durch Verdrückung sind sie mitunter in ihren Formen alterirt und können dann Veranlassung zur Errichtung von Nominalarten geben. Vom G. titanius unterscheidet sich der G. hexagonus nicht bloss durch weit geringere Grösse, sondern noch weiter dadurch, dass die Höhe des Rumpfes im Verhältniss zur Länge etwas beträchtlicher ist und die Rückenlinie vor der Rückenflosse nicht horizontal, sondern etwas bogig ist. Die Schuppen, welche freilich oft abgefallen sind, sind ebenfalls runzelig und gekörnt. Unser grösstes Exemplar ist bis zum Anfang der Schwanzflosse 6" 2''', bis zur Mitte der Gabelung derselben gegen 7" lang; die Rumpfhöhe misst 4" 7". Das von mir abgebildete Exemplar ist bis zur Schwanzflosse 4" 7''' lang und 3" 8½''' breit.

Dass der Microdon hexagonus von Agassiz ein ächter Gyrodus ist, habe ich schon früher nachgewiesen. Ebenso habe ich bereits gezeigt, dass dessen Microdon analis Ag. nur ein Doppelname ist, nicht von G. hexagonus getrennt werden kann. Ein gleicher Fall tritt für den G. lepturus ein, dessen specifische Absonderung ich wieder aufheben muss, da dessen schmale Schwanzlappen theils von der geringern Grösse des Thieres, theils von Beschädigung herrühren. Ferner stellt die von Quenstedt unter dem Namen G. rugosus von Solenhofen gelieferte Abbildung nicht diesen, sondern den G. hexagonus dar.

Noch habe ich eines neuacquirirten Exemplares von Solenhofen zu gedenken, das ich in der hiesigen Sammlung als *Gyrodus turgidus* aufstellte. Bei einer Länge von 8″ 4‴ bis zur Schwanzflosse erreicht es eine Höhe von fast 7½″, ist demnach nicht bloss viel grösser als alle Exemplare von G. hexagonus, sondern hat zugleich auch eine weit beträchtlichere Höhe. Ich würde unbedenklich dieses Stück für eine eigenthümliche Art erklären, wenn mir nicht der Umstand bedenklich wäre, dass die Schwanzflosse verrückt ist und durch Abbruch ihres Stieles vorwärts geschoben ist, wodurch ihr Abstand von der Schnauzenspitze verkürzt wird und also das vorhin angegebene Maass der Körperlänge zu geringe ausgefallen ist. Supplirt man das an derselben Fehlende, so würden die Verhältnisse des G. hexagonus, und zwar in seiner grössten Ausprägung, zum Vorschein kommen.

3. G. platurus *Ag.*

Ag. II a p. 16; b p. 236. — *Microdon platurus. Ag.* II b p. 208. — *G. truncatus. Wagn.* Münchn. Abh. VI S. 46.

Auch diese Art hat Agassiz unter dem doppelten Gattungsnamen Gyrodus und Microdon platurus aufgeführt. Obwohl ich mich schon früher überzeugt hatte, dass unter letzterer Benennung ebenfalls ein Gyrodus gemeint ist, so schien es mir doch wahrscheinlich, dass wenigstens 2 besondere Arten darunter zu verstehen seyn möchten und legte daher, zur Vermeidung von Confusion, dem Microdon platurus, der mir in 2 von Agassiz selbst etikettirten Exemplaren von Solenhofen vorliegt, den Namen von Gyrodus truncatus bei. Nachdem mir es aber jetzt klar geworden ist, dass der G. platurus Ag., von dem weder eine Notiz noch ein Exemplar vorhanden ist, einerlei mit Microdon platurus ist, muss ich den Namen G. truncatus zurücknehmen und den von G. platurus restituiren.

4. G. macrophthalmus *Ag.*

Ag. II b p. 224 tab. 67. — *Wagn.* Münchn. Abh. VI S. 28. — G. frontatus. *Ag.* p. 226 tab. 68. — *Wagn.* a. a. O. S. 29.

Agassiz unterschied diese beiden von Kelheim stammenden Arten dadurch, dass bei *G. frontatus* der Bauch weit breiter und die Stirne minder abschüssig sei als bei *G. macrophthalmus*. Diess ist allerdings richtig für die beiden Exemplare, welche Agassiz als Vorlage zu seinen Abbildungen dienten, allein ihre nähere Besichtigung zeigt, dass bei letzterem die ganze Vorderhälfte des Bauchrandes weggebrochen und bei beiden die Contur der Stirngegend beschädigt ist. Da sie nun in allen übrigen Stücken zusammen stimmen, so lässt sich schliessen, dass sie auch in den beiden vorhin genannten überein kommen werden. Ich vereinige sie daher zu einer Art und unterscheide in dieser 2 Varietäten: eine grössere als G. macrophthalmus, und eine kleinere als G. frontatus.

Wahrscheinlich wird zu letzterer auch Münster's *G. maeandrinus* (Jahrb. f. Min. 1842 S. 45) gehören, der nur auf einem stark beschädigten Exemplare beruht, über welches ich in meiner Monographie S. 30 die erforderlichen Aufschlüsse gegeben habe. Bei seinem mangelhaften Zustande lässt es sich mit keiner Sicherheit bestimmen; nimmt man indess auf seinen Fundort, Kelheim, Rücksicht, so ist es noch am ersten zu G. frontatus zu verweisen. Solche unbestimmbare Exemplare sollte man eigentlich gar nicht in Erwähnung bringen.

5. G. rugosus *Münst.*

Ag. II b p. 227 tab. 69. — *Wagn.* Münchn. Abh. VI S. 29.

Obwohl diese Art sehr ähnlich der vorigen ist, mit der sie auch den Fundort theilt, so halte ich sie doch von ihr wegen der länger gestreckten, schmächtigeren Gestalt für verschieden.

Bezüglich des *Microdon abdominalis Ag.*, der ein ächter Gyrodus ist und nur auf einem einzigen Exemplare ohne Kopf beruht, so habe ich ihn schon in meiner früheren Arbeit (a. a. O. S. 45) an G. rugo-

sus angereiht, zu dem er mehr passt als zu G. hexagonus, obwohl er
gleich diesem von Solenhofen kommt.

6. G. gracilis *Münst.*

Münst. Beitr. III S. 128 tab. 8 fig. 2. — *Ag.* II b p. 237. —
Wagn. Münchn. Abh. VI S. 32.

Ich habe früher die zwerghaften Exemplare, durch welche diese
Form repräsentirt ist, für Jugendstände des G. hexagonus gehalten. In
Anbetracht jedoch, dass die 3 bekannten Exemplare bei Kelheim gefunden wurden, möchte es wohl wahrscheinlicher seyn, dass sie dem jugendlichen Alter des G. macrophthalmus angehören [1].

II. Mesturus *Wagn.*

Mit der h. Leuchtenberg'schen Sammlung ist der hiesigen eine neue
Gattung von Reiffischen zugekommen, der ich den Namen *Mesturus*
($\mu\varepsilon\sigma\tau\dot{o}\varsigma$, *voll*, $o\dot{\upsilon}\rho\dot{\alpha}$, *Schwanz*) beigelegt habe. Sie lässt sich kurz
durch folgende Merkmale charakterisiren: Habitus, Bereifung und Beschuppung wie bei Gyrodus, Schwanzflosse wie bei Palaeobalistum, nämlich ausgefüllt. Zur Zeit ist sie nur nach einem einzigen Exemplare
bekannt, das ich als M. verrucosus benannt habe.

1. M. verrucosus *Wagn.*
Tab. 3 Fig. 1.

Die ganze Form des Körpers ist die von Gyrodus. Wie bei die-

---

1) Noch führt *Quenstedt* (Petrefaktenk. S. 211) einen *Gyrodus medius* von
Kelheim auf, von dem er eine Schuppe und eine Unterkieferhälfte mit ihren Zähnen
abbildet, sonst aber von seinen Eigenthümlichkeiten nichts weiter sagt, als dass er
seine Länge auf 15" schätze. In der hiesigen geognostischen Sammlung liegt von
gleichem Fundorte die stark beschädigte Hinterhälfte eines Exemplares, das ohngefähr die gleiche Grösse mit vorigem erreicht haben mag. Weder das eine noch
das andere ist geeignet, darauf eine besondere Art begründen zu können.

sem ist nicht bloss die vordere, sondern auch die hintere Hälfte des Leibes mit Reifen belegt und eben desshalb der ganze Rumpf mit Schuppen dicht bedeckt. Ebenfalls wie bei Gyrodus verläuft die Wirbelsäule hoch über der Mitte des Leibes.

Ganz verschieden von Gyrodus ist die Beschaffenheit der *Schwanzflosse*. Auf einem breiten, kräftigen, dicht beschuppten Stiele sitzt die verhältnissmässig sehr kurze Schwanzflosse, die keineswegs wie bei Gyrodus tief gespalten, sondern im Gegentheil ganz ausgefüllt ist, so dass, ähnlich wie bei Palaeobalistum Heck., der Hinterrand der Flosse etwas gewölbt ist mit 2 schwachen seitlichen Ausbuchtungen. Der mittlere Theil der Flosse ragt hinterwärts so weit hervor als die beiden Seitengipfel. Bei Pycnodus und Microdon ist die Schwanzflosse viel tiefer ausgeschnitten und daher überragen bei ihnen die Seitenlappen ansehnlich den Mitteltheil. — Die Strahlen der Schwanzflossen sind in regelmässiger Ordnung nach beiden Seiten vertheilt. Auf die beiden einander entsprechenden Strahlen in der Mitte folgen jederseits 17 Strahlen, an welche sich neben dem Aussenrande noch einige kürzere anlegen. Alle Strahlen sind nach kurzer Entfernung von ihrer Basis quer gegliedert, die Glieder sehr kurz. Die ersten 5 bis 6 Strahlen vom Aussenrande an sind der Länge nach ungetheilt; dann folgen solche, die einmal längsgespalten sind, weiter einwärts theilt sich jeder der Aeste wieder in zwei, wird also vierstrahlig, und in der Mitte wird jeder durch nochmalige Theilung achtspaltig.

Sowohl von der *Rücken-* als *Afterflosse* fehlt der Anfang; der gegen die Scwanzflosse hinziehende Theil ist schmal wie bei Gyrodus, also sehr verschieden von Mesodon. Von der Brustflosse sind Spuren vorhanden; die Partie, wo die Bauchflossen stehen würden, fehlt.

Der ganze Rumpf ist wie bei Gyrodus mit *Reifen* (Hautrippen) belegt und mit *Schuppen* bedeckt, die noch den ganzen Schwanzstiel überziehen. Die Oberfläche der Schuppen ist mit lauter kleinen Körnern besetzt. Auch der ganze Schädel ist mit braunen Körnern überstreut, die auf dem Obertheil am grössten werden und spitze, rauhe Warzen bilden. Die ganze Oberfläche des Fisches ist rostbraun.

Vom *Gebisse* ist leider wenig vorhanden; die vorderen Kieferspitzen abgebrochen. Sowohl im Unterkiefer als am Gaumen ist nur eine Reihe kleiner Zähne sichtlich, die eine walzige, gefurchte, innen hohle Wurzel haben, auf welcher, durch einen Querring abgeschnürt, ein etwas angeschwollenes, glattes, gewölbtes Köpfchen sitzt, das in der Mitte meist in eine stumpfe Spitze ausgezogen ist.

Ganze Länge von der Schnauze bis zum Ende der Schwanzflosse ohngefähr	19"	0'''
Grösste Rumpfhöhe	11	6
Breite des beschuppten Schwanzstieles	1	8
Länge der beiden mittleren Schwanzstrahlen . .	2	2
Spannweite der Schwanzflosse ohngefähr . . .	7	0

Dieses Exemplar ist in den Steinbrüchen von Eichstädt gefunden worden.

III. Microdon *Ag. Heck.*

In meiner früheren Monographie habe ich gezeigt, dass die von Agassiz aufgestellte Gattung Microdon aus 2 verschiedenen Gattungen zusammengesetzt ist, indem von ihren 5 Arten aus dem lithographischen Schiefer die eine, der M. elegans, mit dem Gebisse von Pycnodus, die 4 andern, M. hexagonus, analis, abdominalis und platurus, mit dem Gebisse von Gyrodus versehen sind. Ich löste demnach die Gattung Microdon auf, indem ich ihre erste Art mit Pycnodus, die 4 andern mit Gyrodus vereinigte. *Thiollière* in seiner trefflichen Bearbeitung der Fische des lithographischen Schiefers im südlichen Frankreich stimmte mir vollständig bei und eben so rechtfertigte *Heckel* diese Trennung, jedoch mit einer Modifikation. Er hatte nämlich die Entdeckung gemacht, dass bei allen Reiffischen des Tertiärgebirges die obern und untern Halbwirbel der Rückensaite mit einander zusammen stossen, während bei denen der Jura- und Kreide-Formation sie getrennt bleiben und die Seitentheile der chorda ganz frei lassen. In Folge dieser wichtigen Wahrnehmung konnte freilich der Microdon elegans aus dem lithographischen Schiefer nicht mehr mit den tertiären Arten von Pycnodus vereinigt bleiben. Heckel stellte daher für den Microdon elegans und die ihm verwandte Art die Gattung Microdon wieder her, doch wäre es besser gewesen, wenn er statt dieses Namens einen neuen gewählt hätte, weil seine Gattung Microdon auf andern Charakteren als auf den von Agassiz aufgestellten beruht.

Nach dieser Berichtigung sind jetzt für die Gattung Microdon Ag. Heck. folgende Merkmale aufzustellen: Vorderzähne meiselförmig, Muhlzähne elliptisch, glatt und flach gewölbt, Schwanzflosse seicht ausgeschweift, Reife nur den Vorderrumpf einnehmend, obere und untere Halbwirbel vollständig getrennt, mit einfachen Gelenkfortsätzen.

Das Gebiss ist im Wesentlichen vom Typus der Gattung Pycnodus, jedoch finden sich auf jedem Unterkieferaste nicht wie bei letzterem 3, sondern 4 Zahnreihen. Ueber die Stellung der Zähne auf dem Gaumen stehen die Angaben von Heckel im Widerspruche mit denen von Thiollière. Nach Ersterem besteht bei M. elegans die Mittelreihe abwechselnd aus einem grossen Zahne und darauf folgend aus zwei kleineren, wesshalb er für den Gaumen nur drei Längsreihen aufführt. Thiollière gibt dagegen 5 solcher an, die parallel mit einander verlaufen. Diese Differenzen in den Angaben lassen sich jedoch ausgleichen, wenn ich diess auch nicht nach unsern Exemplaren aus dem lithographischen Schiefer zu thun vermag, da bei diesen der Gaumen nicht frei sichtlich darliegt. Indess andere Exemplare aus dem Jura können uns hiebei aushelfen.

Zunächst berufe ich mich auf den *Pycnodus Preussii Münst.*[1] aus dem jurassischen Lindnerberge bei Hannover, dessen Gaumenplatte die gleiche Anordnung der Zähne zeigt, wie sie Heckel vom M. elegans angibt, und der ihn daher mit Recht der Gattung Microdon zuweist. Ferner zeigt eine, dem Dr. *Oppel* zugehörige Gaumenplatte aus dem Jura von Solothurn die gleiche Anordnung wie bei P. Preussii und gehört daher ebenfalls zu Microdon[2]; bei beiden letztgenannten Formen sind je die 2 kleinen Zähne der Mittelreihe, die regelmässig mit dem einen grossen Mittelzahn alteriren, ziemlich weit auseinander gerückt. Bei *Pycnodus Itieri Th.* endlich, auf welchen Thiollière die Beschreibung des Gebisses stützte, sind diese beiden kleinern Zähne noch etwas weiter auseinander stehend und daher noch weniger in den Zwischenraum zwischen je 2 grossen Mittelzähnen eingreifend als es bei dem Exemplare von Solothurn der Fall ist. Ist diese Differenz schon wenig erheblich, so wird sie sich wahrscheinlich bei weiteren Untersuchungen ganz aufheben, da Thiollière selbst angibt, dass die Zähne auf der Gaumenplatte des P. Itieri nicht mehr in voller Ordnung waren. Hiemit bestätigt sich also die Angabe von Heckel, dass auf dem Gaumen von Microdon eigentlich nur drei Reihen von Zähnen anzunehmen und zwar in der Weise,

---

1) *Münst.* Beitr. VII tab. 2 fig. 255.

2) Diese Gaumenplatte von Solothurn gehörte einem grossen Individuum an, indem sie selbst in ihrem jetzigen defekten Zustande noch eine Länge von beinahe 2 Zoll hat. Von den grossen bohnenförmigen Zähnen der Mittelreihe liegen noch 6 vor, deren hinterster 4½ Linien misst. Im Zwischenraume zwischen je zwei solchen grossen Zähnen liegen regelmässig die beiden kleineren auf gleicher Querlinie, doch getrennt voneinander. Jeder Aussenrand der Platte ist mit einer einfachen Reihe etwas grösserer Zähne besetzt. In der Vorderhälfte der rechten Seite liegen in den Zwischenräumen noch etliche ganz kleine Zähne herum, die von andern Theilen abgerissen hier eine zufällige Lagerstätte gefunden haben. Alle Zähne sind vollkommen glatt.

dass längs der Mittellinie im Zwischenraume je zweier grosser Zähne zwei kleinere eingeschoben sind.

Während sich sonst im lithographischen Schiefer Frankens die Arten einer Gattung in der Regel zahlreicher einstellen als in dem des südlichen Frankreichs, tritt dagegen für die Gattung Microdon der gegentheilige Fall ein, indem Thiollière aus letzterer Lokalität 5 eigenthümliche Arten aufführt, während bei uns bisher der M. elegans ihr einziger Vertreter war. Zwar sind auch noch 2 andere Arten aufgestellt als M. notabilis und formosus, aber da sie nur nach den Zähnen des Unterkiefers bekannt sind, lässt sich ihr Verhältniss zu M. elegans nicht bestimmen. Um nicht ohne triftigen Anhaltspunkt die Zahl der Arten aufs Ungewisse zu vermehren, reihe ich jetzt diese beiden Formen an M. elegans an; dagegen füge ich diesem eine zweite Species bei, obgleich ich ihre Selbstständigkeit nicht mit Sicherheit verbürgen kann[1].

1. M. elegans Ag.

Ag. II b p. 205 tab. 69[b]. — *Heckel* a. a. O. S. 15. — *Pycnodus elegans*. *Wagn*. Münchn. Abh. VI S. 36.

---

[1] Noch habe ich eines Unterkiefer-Fragmentes von Eichstädt zu erwähnen, das nach den Zähnen eine eigenthümliche Form anzeigt. Es stimmt mit einem andern, von Schnaitheim stammenden, das Quenstedt in seinem Jura tab. 96 fig. 21 abbildet, sehr überein. Derselbe bezeichnet letzteres Fragment als dem Gyrodus umbilicus Ag. angehörig; eine Bestimmung, für die keine Gewähr gegeben werden kann, da diese Species nur nach den Gaumenzähnen gekannt ist, aus denen sich nicht mit Sicherheit auf die Form der Unterkieferzähne schliessen lässt. Obiges Fragment von Eichstädt führe ich nur an, weil es etwas Eigenthümliches anzeigt. Es gehört nach den Zähnen weder zu Gyrodus, noch zu Mesodon oder Pycnodus; am nächsten ist es mit Microdon verwandt, will aber doch auch nicht recht stimmen.

Eine seltene Art von Solenhofen, zu der weder die h. Leuchtenberg'sche noch die Häberlein'sche Sammlung ein neues Exemplar gebracht hat [1]. — An diese Species schliesse ich die beiden vorhin genannten an, die nur nach den Zähnen des Unterkiefers gekannt sind und deren richtige Stellung erst nach Auffindung vollständigerer Exemplare bestimmt werden kann.

a) *M. (Pycnodus) notabilis* Münst. *Wagn.* a. a. O. S. 37 tab. 3 fig. 3.

Könnte am ersten mit M. elegans zu verbinden seyn.

b) *M. (Pycnodus) formosus Wagn.* S. 39 tab. 3 fig. 4.

Scheint auf eine andere Art als M. elegans hinzuweisen, wie denn auch seine Lagerstätte einer andern Formations-Abtheilung angehörig ist.

2. M. nanus *Wagn.*

Aus der Häberlein'schen Sammlung ist in die hiesige ein überaus gut erhaltenes, aber zwerghaftes Exemplar eines Microdon zugegangen, der im Kleinen den M. elegans darstellt und den ich als M. nanus bezeichnet habe. Seine ganze Länge beträgt nur 2″. Ob eigne Art, ob Jugendzustand von M. elegans, ist nicht zu ermitteln.

---

[1] Unter den von Thiollière aus dem lithographischen Schiefer von Cirin aufgeführten 5 Arten von Microdon (Pycnodus) sind nur 2 mit unserem M. elegans nahe verwandt, nämlich *M. Bernardi* und *M. Wagneri*. Ersterer ist bei gleicher Höhe mit M. elegans etwas länger als dieser, auch soll die Schwanzflosse tiefer ausgerundet seyn. Die andere Art ist bei gleicher Höhe etwas kürzer und gedrungener als M. elegans; sie ist aber von letzterem besonders dadurch verschieden, dass in der hintern Rumpfhälfte noch einige kurze Reife vorkommen, die unserer hiesigen Species ganz abgehen. Die Schwanzflosse des M. Wagneri ist übrigens wie bei M. elegans geformt.

IV. Mesodon *Wagn.*

Bisher waren nur zwei, früher mit Gyrodus confundirte Arten, *M. macropterus* und *M. gibbosus*, jede bloss nach einem einzigen Exemplare bekannt. Sowohl die Häberlein'sche als die h. Leuchtenberg'sche Sammlung hat uns neues Material geliefert, nämlich 2 Exemplare von M. macropterus und 4 andern, aus denen ich 2 neue Arten: *M. Heckeli* und *M. pulchellus*, errichtet habe[1]. Obwohl noch immer der Zahnbau nicht vollständig bekannt ist, so ist es doch mir jetzt geglückt, wenigstens das Vorhandenseyn eines Vorkiefers mit meiselförmigen Zähnen nachzuweisen.

1. M. Heckeli *Wagn.*
Tab. 1 Fig. 5.

Aus der Häberlein'schen Sammlung und von Solenhofen herstammend. Kommt an Grösse mit den grossen Arten von Gyrodus überein, indem bei vollständiger Erhaltung die ganze Länge mit Inbegriff des Schwanzes wohl 2 Fuss betragen haben würde. Der Körper ist sehr hoch, die eine Brustflosse ist vorhanden, die Schwanz- und Bauchflossen sind abgebrochen, von der Rücken- und Afterflosse sind aber sehr deutliche Reste übrig, deren Grösse die Gattung Mesodon constatirt. Der Schädel ist stark beschädigt, seine Oberseite sehr abschüssig. Der Zwischenkiefer ist abgebrochen. Beide Unterkiefer sind aufeinander gepresst, durch einen glücklichen Schlag indess voneinander gelöst, wodurch auch ein ansehnlicher Theil des Gaumens entblösst wurde. Die ganze Vorderhälfte des Rumpfes, so weit die Reife reichen, d. h. bis kurz vor den Anfang der Rückenflosse, ist dicht beschuppt. Die Schuppen sind länglich, rhombisch, gekörnt, mit einem starken Zahnfortsatz

---

[1] Die Gattung Mesodon ist nunmehr auch im englischen Lias aufgefunden worden, indem Egerton's *Pycnodus liassicus* (Mem. of the geol. survey, decade VIII tab. 10) ihr angehörig ist.

auf der Vorderseite in einen entsprechenden Ausschnitt der untern Schuppe eingreifend.

Der von der Hauptplatte abgelöste linke Unterkiefer zeigt 5 grosse bohnenförmige, glatte, braune Zähne in einer Reihe und vor dieser liegt der Eindruck des 6ten, aber abgesprengten Zahnes; der längste Zahn, der zweite von hinten, misst 7'''. Längs des innern Randes dieser Reihe verläuft eine andere mit weit kleineren rundlichen Zähnen, die aber sämmtlich abgebrochen sind und mit ihren Köpfen in der Hauptplatte stecken, die grössten erreichen kaum einen Durchmesser von 2 Linien. — Neben dem innern Rande der grossen Zahnreihen liegen mehrere kleine runde oder etwas ovale Zähne, zum Theil durcheinander geworfen. Eine deutliche Reihe bilden die Zähne am Aussenrande des Kiefers, indem 5 in einer Reihe aufeinander folgen. Eine andere daneben liegende Reihe ist angezeigt durch 3 in einer Linie sich folgender kleiner Zähne. Nun bleibt ein grosser Zwischenraum zwischen diesen und den grossen bohnenförmigen Zähnen; in diesem Zwischenraume scheint noch eine dritte Reihe kleiner Zähne vorhanden gewesen zu seyn. Unter diesen Zähnen zeigen 2 der vordersten eine Skulptur wie bei Gyrodus, die andern sind glatt. Von diesen 3 äusseren Reihen von Zähnchen sind die auf dem äussern Kieferrande stehenden noch die grössten, doch erreichen sie kaum die Grösse der innersten Reihe.

Der rechte Unterkiefer bietet nichts zur Aufklärung des Zahnsystemes dar. Von der Reihe der grossen bohnenförmigen Zähne gehören ihm nur die beiden hintersten an; die 3 folgenden sind bloss Eindrücke von denen des linken Kiefers und der vor ihnen liegende 6te Zahn rührt ebenfalls von letzterem her und ist mit seinem Kopf in das Gestein eingesenkt.

Von der Gaumenplatte ist nur die eine Hälfte sichtlich, die andere steckt im Gesteine. Es zeigen sich deutlich 3 Reihen von Zähnen. Die

erste Reihe enthält vorn 4 Zähne in gerader Linie, dann sind einige
ausgebrochen; nach dieser Lücke folgen 4, von denen jedoch der vor-
derste in die zweite Reihe herabgerückt ist. Diese Zähne sind die
kleinsten und von unregelmässig ovaler oder rundlicher Form; der 3te
von hinten hat die Skulptur von Gyrodus, der erste zeigt wenigstens
noch einen napfförmigen Eindruck, alle andern sind glatt, wahrscheinlich erst in Folge der Abnutzung. — Die zweite Gaumenreihe besteht
aus grösseren, unregelmässig ovalen, glatten Zähnen, von denen 5 in
gerader Linie hintereinander liegen, der 6te aber in die dritte Reihe
herabgerückt ist. — Die dritte Reihe weist vorn 4, zum grössten Theil
noch im Gestein haftende Zähne auf (der dahinter liegende gehört in
die zweite Reihe). Dann tiefer gerückt, doch wohl derselben Reihe
angehörig, folgen hinterwärts noch 4 Zähne, die grössten von allen,
bohnenförmig und glatt; der grösste misst nicht ganz 4'''. Diess ist
also die Mittelreihe. Der Gaumen trägt demnach, wie gewöhnlich, 5
Reihen, von denen die mittlere die stärkste ist.

Vergleicht man dieses Gaumengebiss mit dem anderer verwandten
Formen, so ergibt es sich, dass dasselbe ziemlich ähnlich dem von *Pycnodus rugulosus Ag.* tab. 72ᵃ fig. 23 ist, obwohl hinreichend verschieden.

Das Gebiss des Unterkiefers unterscheidet sich von dem des Microdon schon dadurch, dass der innere Kieferrand Zähne trägt, die nach
denen der zweiten Reihe die grössten sind. Von allen verwandten
Gattungen differirt aber dieses Gebiss dadurch, dass jeder Unterkieferast,
statt bloss mit 4, mit 5 Zahnreihen besetzt ist. Ein ähnliches Verhalten
findet sich auch bei *Pycnodus didymus Ag.* tab. 72ᵃ fig. 24 und selbst
schon bei dessen *P. Bucklandi* fig. 17. In ganz gleicher Weise stellt
es sich bei *Münster's P. didymus* ein (Beitr. VII tab. 2 fig. 26 und tab. 3
fig. 6); ja in letzterer Figur scheint auch die innere Reihe doppelt zu

seyn [1]. Ob die andern, dem lithographischen Schiefer angehörigen Arten von Mesodon ebenfalls 5 Zahnreihen im Unterkiefer tragen, hat sich bisher durch die Beobachtung nicht ermitteln lassen, ist aber zu erwarten.

Die Rückenflosse ist auf 6″ Länge erhalten, aber ihr ganzer oberer Rand ist zugleich mit der Gesteinsplatte abgebrochen, so dass ihre volle Höhe nicht gemessen werden kann. Trotz dieser Unvollständigkeit sind

---

[1] Von demselben Fundorte, nämlich von dem oberen Jurakalke des Lindner Berges bei Hannover besitzt Dr. Oppel einen ähnlichen Unterkiefer des *Pycnodus didymus* Münst. Er zeigt neben der Innenseite der grossen bohnenförmigen Zähne 4 wohlgeordnete Reihen von Zähnen, ja im hintern Verlaufe schiebt sich zwischen der zweiten und dritten Längsreihe noch eine besondere mit 4 Zähnen ein, so dass 5 Längsreihen zu bestehen scheinen, wenn nicht etwa diese Zahl durch eine seitliche Verschiebung der äussersten Zähne, die von da an, wo die eingeschobene Reihe beginnt, nicht mehr sichtlich sind, hervorgebracht ist. Neben der Aussenseite der grossen Bohnenzähne zeigt sich nur noch eine Reihe kleiner Zähne wie bei Münster's Figur 26 auf tab. 2; es ist jedoch zwischen ihnen und dem Kieferrande so viel Platz, dass auch eine zweite Reihe wie tab. 3 fig. 6 hätte folgen können. Jedenfalls sind also auf diesem Kieferfragmente mindestens 6 Längsreihen von Zähnen vorhanden. Alle Zähne sind glatt, aber einige der vordern zeigen schwache Spuren, dass sie früherhin ähnliche Skulpturen wie die Zähne von Gyrodus hatten. — Noch bewahrt Dr. Oppel aus dem nämlichen Gesteine ein kleines Gaumenfragment auf, an dem alle 5 Längsreihen zu sehen sind: die Mittelreihe noch mit 4, die eine der ihr zunächst liegenden und 8‴ langen mit 7 Zähnen. Die der Mittelreihe sind bohnenförmig, die übrigen rundlich, aber ganz abgeplattet mit Ausnahme von mehreren, die den Gyrodustypus deutlich aufbewahrt haben. Ich halte diese Gaumenplatte für die Norm von *Mesodon*. — Uebrigens will ich bei dieser Gelegenheit bemerklich machen, dass alle die Arten, welche aus dem obern Jurakalk vom Lindner Berg und von Solothurn herrührend bisher zu Pycnodus gestellt wurden, keineswegs zu Pycnodus in der engeren Begrenzung von Heckel gehören, sondern, was ich wenigstens davon gesehen, reiht sich an Microdon oder an Mesodon an.

gleichwohl im hintern Drittel der Flosse ihre längsten Strahlen noch gegen 4'' lang, geben also eine beträchtliche Höhenentwicklung kund, wie eine solche unter den Reiffischen ausschliesslich nur bei der Gattung Mesodon vorkommt. Die Strahlen gabeln sich bald nach ihrem Ursprunge und theilen sich immer mehr im weiteren Verlaufe, so dass sie zuletzt in 10 bis 12 Strahlen zerspalten sind. Mit Ausnahme der kurzen Basis sind sie zahlreich quer gegliedert mit kurzen Gliederstücken. — Das Wenige, was von der Afterflosse erhalten ist, zeigt gleichfalls eine beträchtliche Entwicklung derselben an.

Die Rückensaite liegt im hintern Rumpfabschnitte frei aufgedeckt dar und lässt nur einen freien leeren Raum wahrnehmen: als ein breites Längsband, das fast bis zum hintern Ende der Rückensäule beinahe 19'', die grösste Rumpfhöhe ohngefähr 14''..

Wenn auch dieses Exemplar nicht so vollständig conservirt ist, dass es über alle wesentlichen Merkmale Aufschluss ertheilen kann, so lässt es sich doch unter den bereits bestehenden Gattungen, wegen der ansehnlichen Höhe der Rücken- und Afterflosse, zu keiner andern als zu Mesodon bringen. Auch sein Zahnbau, von den andern Arten ebenfalls nur mangelhaft gekannt, stimmt mit diesen wenigstens insoweit, dass sowohl die bohnenförmigen Zähne von Pycnodus als einige rundliche gekerbte von Gyrodus gemeinsam miteinander vorkommen.

2. M. macropterus Ag.

Gyrodus macropterus Ag. II b p. 301. — *Wagn.* Münchn. Abh. VI S. 49 tab. 4 fig. 2.

Von dieser, bisher nur in einem einzigen Exemplare repräsentirten Art hat die Häberlein'sche Sammlung 2 andere geliefert: das eine von denselben Dimensionsverhältnissen wie das ältere Stück, das andere fast um ein Drittel kleiner. Man ersieht an ihnen, was an der älteren

Platte nicht wahrnehmbar ist, dass die Rückenlinie, die von ihrem hintern Ende bis zur Rückenflosse steil aufsteigt in dieser Richtung noch etwas hinter letzterer verharrt, um dann in einer buckelförmigen Krümmung umzubiegen und bis zur Stirne in einem geringeren Fallwinkel herab sich zu senken, während der Abfall vom untern Stirnrande sehr steil ist. Die grösste Rumpfhöhe kommt gleich der Entfernung vom hintern Ende der Wirbelsäule bis zum Stirnrande. — Ein grosses Exemplar von Kelheim besitzt jetzt auch die hiesige geognostische Sammlung; es fehlt ihm zwar der Kopf, sonst aber ist es gut erhalten, was insbesondere von den 3 senkrechten Flossen gilt, so dass ich mich dadurch bestimmt fühle, von der Schwanzflosse eine genauere Charakteristik, als mir früher möglich war, nachzutragen.

Die Schwanzflosse ist von beträchtlicher Entwicklung und fächerförmig mit convexem Endrande. Ihre an der Basis einfachen Strahlen fangen bald an sich zu gliedern; längs der beiden Seitenränder liegen sie dicht gedrängt aneinander, im Innern sind sie ganz voneinander gelöst und zwar in der Weise, dass zu beiden Seiten des Mittelstrahles drei solcher isolirten Strahlen auftreten. Durch successive dreimalige Spaltung löst sich jeder Strahl zuletzt in 8 schwache Fäden auf.

Die Schuppen sind innen glatt, aussen mit einem Netzwerke kleiner rundlicher Maschen, deren innere Höhlungen bei dem Abdrucke auf dem Gesteine diesen Abdrücken ein granulirtes Ansehen gewährt.

Noch habe ich bemerklich zu machen, dass ich an einem unserer neuerworbenen Exemplare mir volle Gewissheit über die Existenz des *Vorkiefers* verschaffen konnte, was bei den übrigen wegen Beschädigung der Schnauzenspitze nicht möglich war. Dieser Vorkiefer ist eben so beschaffen, wie bei den andern Gattungen; seine beiden Stiele sind erhalten, aber von den Zähnen nur die des einen Stiels, nämlich 2 Zähne von meiselartiger Form; von denen der innere fast dreimal so breit ist, als der äussere; auch vom Zwischenkiefer ist der eine schmale Meiselzahn sichtlich. Mesodon gehört also zu der Gruppe der Pycnodonten, bei denen die Vorderzähne nicht eckzahnartig, sondern meiselförmig sind. Von den Mahlzähnen sieht man erstlich zwei Reihen des Gaumens, die meist rundlich und gekerbt wie bei Gyrodus sind; die beiden letzten Zähne der Aussenreihe sind am grössten; elliptisch, glatt mit napfartiger Aushöhlung. Im Unterkiefer sieht man ähnliche Zähne, aber stark beschädigt und zum Theil umgestürzt, was namentlich von dem grössten unter ihnen, einem bohnenförmigen Zahne, gilt.

3. M. pulchellus Wagn.

Aus der h. Leuchtenberg'schen Sammlung sind der hiesigen 3 kleine, sehr ausgezeichnete Exemplare von Eichstädt zugegangen, die im Kleinen ganz nach dem Typus von M. macropterus geformt sind. Ihre Länge mit Inbegriff der Schwanzflosse schwankt von 1" 7'" Länge bis zu 2" 2'". Es fragt sich nun, ob diese Exemplare als Varietät von M. macropterus oder als selbstständige Art anzusehen sind. Obwohl mir Ersteres am wahrscheinlichsten erscheint, so habe ich vor der Hand die Trennung vorgenommen, da mir Mittelgrössen nicht vorliegen und bisher bei Eichstädt der eigentliche M. macropterus nicht gefunden worden ist.

Erklärung der Tafeln.

Die im vorhergehenden Texte nicht angeführten Abbildungen beziehen sich auf Gegenstände der nachfolgenden Abtheilung.

Tab. I.
(In der fortlaufenden Reihe Tab. IV.)

Fig. 1. Chimaera (Ischyodon) Quenstedti *Wagn.*
2. Notidanus eximius *Wagn.* Zahn.
3. Notidanus intermedius *Wagn.* Zahn.
4. Sphenodus nitidus *Wagn.* Zähne.
5. Mesodon Heckeli *Wagn.* Gebiss.

Tab. II.

Fig. 1. Acrodus falcifer *Wagn.* natürl. Grösse.
    a. Parthie Zähne in dreifacher Grösse.
    b. Parthie Schüppchen in zwölffacher Grösse.
Fig. 2. Palaeoscyllium formosum *Wagn.* in halber Grösse.

Tab. III.

Fig. 1. Macrurus: Schwanzflosse.
2. Lepidotus decoratus. Schuppen aus der vordern Parthie.
2. a. Schuppen aus der hintern Parthie.
3. Lepidotus intermedius *Wagn.*

Tab. IV.

Fig. 1. Plesiodus pustulosus *Wagn.* Kopftheil.
Fig. 2. Plesiodus pustulosus *Wagn.* Gebiss.